人民日报社

你好，明天

让话语充满力量

人民日报社新媒体中心 / 主编

北京联合出版公司
Beijing United Publishing Co.,Ltd.

目录
CONTENTS

人文·历史

——铭记他们，就是铭记这个民族共同的牺牲与尊严

环境·经济

——天地有大美而不言

文化·体育

——文化开启了对生命的美的感知，
　　而运动是一切生命的源泉

政治·时事

——只要我们能梦想的，我们就能实现

政治

制度改革

最近，"地方版 4 万亿"悄然出笼，土地拍卖风声再起。稳定增长靠内需，土地财政难持续，这个道理想必心知肚明。可面对缩水的钱袋，重蹈覆辙也有无奈：扩内需，要让利百姓，关系分配改革；去土地依赖，要让利地方，关系财税改革。

——中国改革进入深水区，需要至纤至悉，更需要大智大勇。2012-08-28

大病医保即将启动——事故频发的八月，今天的这个消息温暖人心。天下最好的百姓在中国，他们的诉求很朴实：为人处世公平公正，政府办事一碗水端平；他们的爱憎也很分明：谁真心对他好，就真心拥护谁。民富国强，本固邦宁，中国，我看行！

——民意是最坚实的执政基础，须常怀敬畏之心。2012-08-30

几则焦点新闻，有权威表态，有网上传言，却传递共同讯息：权力脱离法律轨道，就可能沦为私利的保护伞、不同意见的噤声器。听取民意，吐故纳新，让法律成为公平正义压舱石，是司法改革取向、法治中国前行方向。

——劳教制度将改革，民工开"发布会"讨薪，"表叔厅长"跨省撤稿。2012-10-09

求变图新的心态背后，是公众对国家未来和个体命运的深切期待：全面小康，民富国强，不仅要有经济增长、收入提高，还应有民主法制、公平正义。告别"摸石头"，步入深水区，改革不可废，承诺不可弃，担当不可丢。这是历史使命，也是责任义务。

——十八大在即，"深化改革"成共识强音。2012-11-03

"强化权力运行的制约监督，任何组织个人不得超越宪法法律，转变党的领导方式执政方式，绝不允许以言代法、以权压法。"推进政治体制改革的决心和举措写入党代会报告，这是顺民意得民心之举，也是政治承诺。执政党须谨记：忧患意识是第一意识，改革要与危机赛跑。时不我待，中国加油。

——推进政治体制改革的决心和举措写入党代会报告。2012-11-09

十八大报告中"人民"出现了 145 次，这是在警示全党：克服脱离群众、消极腐败等现实危险，杜绝以言代法、以权压法、徇私枉法等乱象，需要唤醒对人民、对法律的敬畏意识，并通过制度设计，让人民监督权力。行胜于言，"把人民放在心中最高位置"，是政治宣言，更应成为行动纲领。

——把人民放在心中最高位置。2012-11-10

面对贫富分化阶层固化，十八大提出"权利公平、机会公平、规则公平"，令人期待。让拼爹成为过往，给民众一个未来，需用制度力量打通板结的上升通道，撑起共同信念：勤奋就能改变，创造就能成功。愿每个年青人，都能拥有"中国梦"。

——共同富裕，公平正义，是社会理想，更是不懈追求。2012-11-12

胡锦涛与习近平亲切握手，权力平稳交接。一次彻底的退出，塑造权力交接新样式；一个平易的见面，展现治国理政新格局。今天，权力核心干净利落交棒，让人感佩结束的毅然决然，也看到开始的欣欣气象。办好中国的事情，需要每个人参与和推动，而政治家的勇气与担当至关重要。

——中国正在改变，中国还要改变。变革，请自权力始。2012-11-15

习近平平易清新的演讲博得盛赞，同时也说明：公众对实话、新话、真话何其渴望。文风体现党风政风，空话、套话、大话充斥，疏远了官民距离，冷漠了百姓之心。倡行短实新，力避假大空，改革创新，请从"说话"开始。

——"人民对美好生活的向往，就是我们的奋斗目标"，习近平的一篇平易清新的演说，

展现务实亲民。   2012-11-16

社会转型期，无论是协调利益、缓冲矛盾，还是异中求同、凝聚共识，都离不开协商。改变"一言堂"，摒弃"打压堵"，切实保障公民知情、表达、参与和监督的权利，这是协商民主的应有之义，也是制度建设的着力之处。

——观察中国政改走向，十八大报告首次提出的"协商民主制度"是个关键词。2012-11-18

人事调整密集进行，各样承诺掷地有声。与此同时，负面新闻仍不时传出，网上批评之声仍不绝于耳。这提醒我们：新局已然开启，而美丽不会空降。中国历来不缺口号，更不乏对幸福美好的向往，现在最需要的是行动和改变。

——在其位，谋其政；在其职，尽其责。脚踏实地，路在脚下。2012-11-22

这是百年梦想的重温，更是历史使命的接棒。30多年高速发展，中国仍处于战略机遇期，也是转型关键期。行百里者半九十，跨越中等收入陷阱，完成现代化惊险一跃，需政治家的智慧、勇气与担当，需全体中华儿女同心同德。期待中国梦，期待每一个中国人的幸福与尊严。

——新常委参观复兴之路。2012-11-29

政治局出台改变作风的八项规定，喝彩的同时也要清醒：前呼后拥、文山会海，痼疾非一日养成，根治非一日之功。转作风、树新风，当以刮骨疗伤之勇毅，水滴石穿之坚韧，自上而下强力推进，更需深化改革、强化监督，革除官僚主义生成土壤。为政者，莫辜负人民期待。

——政治局出台转变作风八项规定，宣示从严治党坚定决心。2012-12-04

个体命运引发的围观与反思，成为推动社会变革的重要力量。劳教制度的改革就是例证。尽管有过分歧、有过抗争，也付出过沉重代价，可终究潮流不可逆、民意不可违。规束权力的随意，才有公民的自由；张扬法治的尊严，才有社会公平正义。

——这是清明政治的应有之义，也是中国梦的必经之路。2013-01-07

粗暴堵截，单向维稳，信访量下降看上去很美，却会令公民权益受侵，政府公信受损。上访妈妈被劳教，黑监狱被查处，这些教训提醒我们：和谐不是息访息诉，稳定不是搞定摆平。让百姓有说话的地方，国家才能长治久安。

——"坚决纠正拦卡堵截正常上访"，全国信访局的声音令人欣慰也令人反思。2013-01-10

在公众对官员财产公示制度的呼声中，一些地方出台规定禁止以人查房，难免让人疑惑：此举会否成为贪腐行为挡箭牌、非法利益保护伞？让权力在阳光下运行，这是当下中国的重大政治考题，制度设计不能背离这个大方向。

——个人房产信息需要保护，但政策制定不能不考虑轻重缓急和民心民意。2013-02-18

100天。从"把权力关进笼子"到"要容得下尖锐批评"，从八项规定到反对舌尖上的腐败，中央新班子展现新气象。转型中国，缩小贫富差距，遏制贪污腐败，重塑社会信任，都需改革和制度持续给力。变革才能开新局，法治才能保长远。

——百日只是新开局的序曲。2013-02-21

人们期待的，不是部门数量的简单加减，更是政府职能的转变、权力运行的约束。打破固化的利益藩篱，厘清公共权力的边界，让政府的归政府、市场的归市场、社会的归社会，这才是改革初衷。元宵佳节将至，愿月圆人圆。

——十八届二中全会即将召开，新一轮大部制改革呼之欲出。2013-02-23

房价虚高，已成民生之伤。高企的房价背后，是供需关系的失衡，更需改变地方政府对土地财政的依赖。住有所居，是政府责任；改善条件，靠市场调节。各安其所，各归其位，则房价稳、民心安。

——新"国五条"实施细则出台，速度之快，力度之强，体现中央调控决心。2013-03-01

梦想就是期待。每项议案提案，指向共同愿景：更好的教育、更可靠的保障、更满意的收入、更清洁的环境。这背后，是对改革更有力、社会更公平的呼唤。相比梦想的激情，我们更需实干的行动。提醒每位代表委员：肩上扛着民心民意，尽职尽责，方可共圆梦。

——两会开幕，中国梦成媒体热词。2013-03-03

主席台不摆鲜花，代表委员车队也要等红灯……然而，沉疴顽疾非一日之寒，融化坚冰非一日之暖。比形式转变更难的，是会议内容之变：拒绝一味唱赞歌，坚持说真话、讲实情、建诤言。从善如登，从恶如崩，请以实际行动取信于民。

——切实转作风，全国两会理当成为标杆。2013-03-04

"让代表插话，这是法律赋予的权利"；"民主党派要敢讲真言讲真话"——两会上传出的声音，让人看到会风之变，也看到政风指向：鼓励说真话，渴望听真话。让人说话，别怕真话，执政者要有这样的胆识，说话者要有这样的担当。

——一个真实的中国，才会充满活力、团结凝聚。2013-03-06

今年两会上，少了空话套话，多了逆耳诤言。五千多名代表委员的背后，是 13 亿中国人民。受民所托，理当为民请命。沉默回避，只会使民意无声、民心失落。代表委员，请拿出你的担当。为政者，当"容得下尖锐批评"。沟通才有共识，民主才有活力。

——建言愈加坦诚，意见越发尖锐。2013-03-09

少了四个字！人们对"国家新闻出版广播电影电视总局"改名的关注与热议，反映共同期待：机构合并只是"物理变化"，更重要的是职能整合、效能提升的"化学反应"。如果把过多的注意力放在部门间的平衡、名称上的周全，一旦涉及固有利益，又怎能改得动？

——愿"简字"成为减政的开始。2013-03-13

今天，新一届国务院领导人全部确定，部委掌门人悉数亮相。当下中国，旧矛盾依然存在，新问题又在出现；基本民生问题亟待解决，公众权利意识日渐觉醒。未来几年，如负重爬坡，不进则退，唯以改革创造更大红利，唯有人民信任不可辜负。聚力前行，加油中国。

——权力交接，更意味责任传递。2013-03-16

"人民共享人生出彩的机会"，这是美丽梦想，也是庄严承诺。圆梦，需要每个人的努力，更需要靠法治和监督，让权力回归本位；用制度和规则，让权利得到尊重、机会更加公平。这是改革命题、执政考题，人民期待出色答卷。

——有梦的人生才丰盈，追梦的国家才凝聚。2013-03-17

清政风、减机构、转职能，为的是厘清权力边界，规束权力使用，监督权力运行。这注定是得罪人的苦差事，然而势在必行，再深的水也得蹚。履行庄严承诺，用实实在在的行动，让人民看到希望，为中国筑起梦想。

——新总理（李克强）上任，"约法三章"掷地有声。2013-03-18

"说到就要做到，不能放空炮"，新一届国务院全体会，平实话语传递改革决心。然而，触动利益比触及灵魂还难，谈何容易？达成预期，需要为政者拿出勇气，更依靠百姓信任支持。开言路、集众智，让公众参与改革进程，就能"说到做到"。

——人民和政府一道攻艰克难，何难？2013-03-21

政府要向群众"说真话、交实底"，新一届政府总理的肺腑之言，是劝导更是警示：当公开透明成为时代特征，当公众权益意识日渐觉醒，文过饰非无异于掩耳盗铃，信息缺位只会导致谣诼不断。权力源于人民，理应对人民负责、向人民汇报。

——人民想听真话实话，更期待实实在在的行动。2013-03-26

"决不允许搞特权""不得接受地方的送礼和宴请"，新版《国务院工作规则》出台，体现新一届政府改进作风、从严治吏的决心。然而，"徒法不足以自行"，公众的信心，不在于纸上写下多少法条，更在于现实中感受多少清廉。这要靠制度约束，靠公众监督。

——权力懂得敬畏，才能恪守本分。2013-03-28

去除"特供"标签易，清除生成土壤难。"特供"流行的背后，是权力本位的传统与现实，是对特权的想象与膜拜。根除"特供"，必先革除特权。

——5部门发文，严禁"特供""专供"。禁令既出，想必会清净一阵子。2013-03-30

取消和下放133项审批事项，新一届政府以"自我削权"开局。然而，这只是一个开端。权力寻租的黑洞，既得利益的藩篱，考验改革的决心和成效。相信市场的力量，激活民间的活力，这是30多年改革最重要的共识，也应成为新一轮改革的动力所在。

——权力归位，则市场归位、社会归位。2013-05-16

"人心向背关系党的生死存亡"，来自高层的话语敲响警钟。执政基于信任，亦可因失信丧失。形式主义、官僚主义、享乐主义、奢靡之风，只会令民心疏离。整饬风气，当有刻不容缓的紧迫，和壮士断腕的决心。"兴勃亡忽"言犹在耳，"载舟覆舟"万古不易。

——权力源自人民，亦可由人民收回。2013-06-18

奢华铺张，把晚会异化为"烧钱大比拼"，让节庆流变为"明星嘉年华"。大操大办纵然能制造视觉盛宴，满足好大喜功的心理，却劳民伤财，也终将失去民心。当铭记：简朴的中国，清廉的政风，百姓的歌自会唱响，这才是最动人的旋律。

——五部门发出通知，提倡节俭办晚会和节庆。2013-08-13

任何组织或者个人都不得有超越宪法和法律的特权，绝不允许以言代法、以权压法、徇私枉法。"今天，薄熙来案庭审第二天，重温党的十八大报告中这段掷地有声的话，共同见证法治中国在成长。

——党领导人民制定宪法和法律，党必须在宪法和法律范围内活动。2013-08-23

1978-2013，35年时光验证一个道理：改革开放是决定当代中国命运的关键一招，停顿和倒退没有出路。全面深化改革，需要至纤至悉的审慎，更需要攻坚克难的魄力。历史机遇不容错失，人民期待不可辜负。

——十八届三中全会十一月召开，深化改革议题备受关注。2013-08-27

上海自贸区总体方案今天公布，这是撬动新一轮改革的支点，但仍有人担心可能的风险。这正说明，改革总是在争议中前行，但是改革有风险，不改革就有危险。宁要微词，不要危机；宁要"不完美"的改革，不要不改革的危机。

——三中全会召开在即，呼唤更多改革勇气，突破思想障碍、冲破利益藩篱！2013-09-27

不表达，就会被表达；不发声，就是放弃话语权。多少误解对立，源于沟通不畅？多少群体事件，因为信息壅蔽？人人都有麦克风，以鸵鸟心态应对舆论无异掩耳盗铃，以沉默是金面对网络不啻自欺欺人，当铭记：透明才有清明，公开才有公信！

——国务院今天发布通知，要求加强政府信息公开。2013-10-15

改革有风险，不改革就有危险；调整有阵痛，不调整就有长痛。没有改革，如何释放社会活力？离开改革，何谈实现公平正义？触动利益比触及灵魂还难，但仍要相信：没有比人更高的山，敢于向顽瘴痼疾开刀，总有达到目的的一天！

——中央政治局决定 11 月 9 日召开三中全会，吹响新一轮改革的号角。2013-10-29

用制度之剑斩断公车腐败，这是巨大进步，也要警醒：制度的生命在于执行，如果只是写在纸上、贴在墙上，制度就会成为摆设，更何谈产生威慑？公开透明，监督才会有力；人民参与，执行才会坚定。让公车在阳光下奔驰，"车轮上的腐败"方可根除！

——中央出台反浪费条例，取消一般公务用车。2013-11-02

现实中，"门难进、脸难看、话难听、事难办"，又何止办户口？"四难"背后，是人浮于事的工作机制，高高在上的衙门作风。一趟趟"折腾"间，隔膜了官民，伤害了公信。切实依法行政，去除"官老爷"作派，政府须尽责，公众有期待。

——公安部规定，办户口时刁难民众者一律停职追责。2013-11-05

明天，十八届三中全会就要开幕了。深水区的改革，注定是一场深刻的革命、艰难的博弈。越是这个时候，越需要攻坚克难的决心、统筹兼顾的智慧，越需要心往一处想的共识、劲往一处想的行动。改革不止步，中国再出发！

——历经 35 年改革开放，中国又到了抉择的时刻。2013-11-08

十八届三中全会今天闭幕。当改革方案呈现面前，观察家们作出各自的解读。有一点是明确的：全面深化改革，已成为集体意志和国家行动，容不得停顿和倒退。推进改革，需要政治家的勇气和智慧，更需要全体人民的参与和担当。

——改革改变中国，也改变每个人的命运。2013-11-12

改革已是转型中国的最大共识，箭在弦上、不得不发。然而，绘就蓝图只是第一步。比蓝图更重要的，是执行；比认识更重要的，是行动。愿改革者拿出壮士断腕的勇气、时不我待的担当，用改革为中国赢得下一个十年！

——三中全会公报发布，"改革"成为街谈巷议的全民话题。2013-11-13

"打铁还需自身硬","改革是最大红利",这一年,反腐利剑高悬,改革声声令急。人们感受政风之变,也瞩望治国理政新思路。难走的路是上坡路,新局虽已开启,前路依然漫长,跑好接力赛中这一棒,莫辜负历史重托和人民期待。

——明天,11月15日,新一届中央领导集体履新满一年。2013-11-14

全面深化改革决定今天发布。洋洋2万字,贯穿一个关键词:解放,解放思想,解放生产力,解放人。然而,前路并非坦途,于荆棘中砍出一条路来,需要迎难而上的勇毅、永不言退的坚持。改革,为了更好的明天;行动,为了你我的中国!

——唯有历史机遇不可贻误,唯有人民期待不可辜负。2013-11-15

全面深化改革决定引发热议。60条"任务清单",涵盖面广泛,含金量富集。然而也当警醒:美好蓝图背后,利益藩篱何其坚固,动真碰硬何其艰难!唯其艰难,更需勇毅;除障破冰,贵在笃行。

——"人民就是江山,江山就是人民",与人民在一起,便有了改革的动力和靠山!

2013-11-16

全面深化改革决定,起草历经200个日夜,收集意见2564条。制定文件固然艰辛,但比制定文件更难的是落实文件。徒善不足以为政,徒法不足以自行,方案如停在纸面口头,改革何异于叶公好龙?空谈只会误国,实干才能兴邦。

——行动起来,用改革破篱清障,靠改革博一个光明未来。2013-11-18

国务院决定建立不动产统一登记制度。有人猜测:这是否为房产税铺路?有人推断:这是否会导致房价下跌?有一点是肯定的:形成连网系统,则房产数量难以隐瞒,官员"房腐"更如何得逞?统一登记势必触动既得利益,但势在必行,有这份勇气,才有改革推进;有这份担当,才有改革信心!

——国务院决定建立不动产统一登记制度引发争论猜测无数。2013-11-22

叫停公款送贺卡，贺卡生意冷清；严查公款请吃，高档酒楼落寞。是成绩，更是警醒：有多少纳税人的钱曾填了口腹之欲，装了私人腰包！规范权力，靠自我纠偏，更靠公众监督。刮骨疗毒，才能根除弊病；踏石留痕，才能取信于民。为政者，严以律己，莫负期待。

——年关将近，改作风持续给力。2013-12-18

明天的中国，谁来种地？农民何时成为体面职业？建设四化，农业莫成短板；全面小康，"老乡"不应缺席。走出土地困境、破除户籍藩篱、筑牢保障网底，让几亿农业人口共享人生出彩机会。农民安心舒心，中国梦想成真。

——中央农村工作会议召开，明确提出"中国要强，农业必须强"。2013-12-24

"全党要牢记毛泽东同志提出的'我们决不当李自成'的深刻警示，牢记'两个务必'，牢记'生于忧患，死于安乐'的古训，着力解决好'其兴也勃焉，其亡也忽焉'的历史性课题"。

——今天，重温历史，缅怀伟人，"勿忘昨天的苦难辉煌，无愧今天的使命担当，

不负明天的伟大梦想"。
2013-12-26

全面深化，不是局部手术，需要顶层设计、系统协调；改革攻坚，突破利益藩篱，需要有力领导、强力推进。改革窗口已开启，历史不可辜负，机遇不容错失。唯以行动，回应人民期待；唯以进取，赢取光明未来。加油，中国！

——中央全面深化改革领导小组迎来掌门人。习近平出任组长，释放明确信号。

2013-12-30

送礼的少了，豪华酒店冷清了，公款旅游发怵了，禁令似乎压得"官不聊生"。可扪心自省："铁饭碗"本就不该端得轻而易举，当官与发财本就两道。让"为官不自在"成为习惯，这是权力的纠偏，也是常识的回归。

——权力学会敬畏，权利才能张扬，中国才有希望。2014-01-13

"为官不易"，一些官员抱怨的背后，反衬出曾经的"为官太肥""为官太松"。挤压水分、扳正言行，重拳出击正当其时。愿雾霾退尽，风更清，气更畅，无论官民，堂堂正正做个中国人。

——2013 年至今，中央连发十五条禁令，廓清灰色地带，约束官员行为。2014-01-17

不可忘：无农不稳，有农才富。为"舌尖上的安全"，每亩良田都需精耕细作；谋子孙后代福利，每寸土地必要永续利用。以壮士断腕之决心，革除体制机制之弊端，夯实国强民富之根基。有美丽乡村，才有富强中国。

——"一号文件"再度聚焦"三农"，直陈环境更加复杂、困难挑战增多。2014-01-19

习近平主持全面深化改革领导小组首次会议，六个专项小组，勾勒整体布局，也预示未来走向：改革绝非经济的单兵突进，也指向法治进步、文化昌盛、政治昌明。须警醒：前行路上险滩密布，当以决然态度革体制弊端，以断腕勇气破利益藩篱。

——历史机遇不容错失，请以行动回应期待。2014-01-22

人社部表态，延迟退休是必然选择。从 60 岁到 65 岁，增加的不仅是劳动的年限，更有劳动者的疑虑：就业机会会不会被挤压？须以配套改革，维护公平正义；以广开言路，求取最大公约。让每个劳动者老有所养，是幸福中国应有之义。

——收入分配会不会受影响？"多交晚拿"让谁受益？ 2014-01-24

花拳绣腿少了，实事求是多了；奢侈浪费少了，勤俭节约多了。八项规定实施一年，晒成绩的同时仍当警醒：公款吃喝有无转入地下？整顿作风会否一阵季风？履行政治承诺，回应人民期待，唯以水滴石穿之坚韧，抓铁留痕、久久为功！

——积弊非一日养成，革除非一时之功。2014-01-27

富强民主、文明和谐；自由平等、公正法治；爱国敬业、诚信友善。24 个字勾勒共同价值、精神彼岸。一个民族，比贫弱更可怕的，是价值的迷失、共识的坍塌。重建共识，需道德教化，更需以规则涵养风尚、以改革凝聚人心。人民有信仰，国家才有力量！

——社会主义核心价值观基本内容公布引热议。2014-02-12

"房姐"龚爱爱户口迭出,"房妹"一家身份证奇多,多少权力寻租、黑幕交易,就坏在一人多证上?户籍本已带有身份标签,假户口岂不让不平等雪上加霜?既然打破户籍坚冰尚需时日,那就至少在户籍"唯一性"上实现平等,公安部加油!

> ——公安部表示,彻底解决户口和身份证"错、重、假"问题。2014-02-22

李克强总理力言,市场主体"法无禁止即可为",政府"法无授权不可为"。这"双重标准",标明改革取向。问题是:自上而下的改革,如何换来上行下效的自觉?扳正错位的权力,怎样冲破既得利益的牵绊?这道考题,考验政府勇气,更有赖法治的力量。

> ——权力归位,市场才能松绑,社会才有活力! 2014-02-24

两会进入第二天,5000多名代表委员共商国是,这是荣誉,更是责任。期待敢讲话、讲实话,更要有营养、有分量。会场终非秀场,少些雷人雷语、空话套话,多些真知灼见、诤言良言。代表委员,请珍惜手中的权力,人民的重托!

> ——代表沉默,就是人民失语;代表较真,民主才能运转。2014-03-04

77次提到改革,政府工作报告释放出改革最强音。然而,目标虽美,不落实终是南柯一梦。没有壮士断腕的决心,如何自我革命?缺少背水一战的气概,遑论触动利益?改革在攻坚,甩开膀子干!

> ——"最克强范儿"的话语,明确的目标,展示出坚定改革意志。2014-03-06

从政府到军队,公车优先用国产,这是一种明确导向。如果政府用车都崇洋媚外,市场选择又怎会青睐本土?公车改革落到实处,自主品牌乘势而上,让中国路跑起中国车,国家才有面子,民族才有荣光。国产车,当自强!

> ——习近平上海试坐荣威950,为国产车加油打气。2014-05-25

接连发生的暴恐案件,戕害生命、伤及无辜;丧心病狂的暴恐分子,天理难容、罪无可赦。民族不同,信仰不同,却遵循同一个道理:没有团结安定,哪来幸福生活?对暴恐最有力的回应,就是像石榴籽那样紧抱在一起。新疆,加油!

> ——政治局会议研究推进新疆社会稳定,多项举措勾勒治疆新方略。2014-05-26

荒唐的事例，折射现实积弊：政府管得太宽、行政干预太多，怎能不降低效率、催生寻租？冲破部门、地方的利益掣肘，打破保守、畏难的观念藩篱，切实管住"看得见的手"，市场才多些活力，腐败才少些空间。

——国务院会议决定取消和下放52项审批，有些审批设立8年，竟一次申请也未受理。

2014-06-05

让人民当家做主，这是执政党的庄严承诺，也是历史和人民做出命运选择时的信任与嘱托。坚持不懈地完善人大制度，始终不渝地推进民主建设，请牢记："只有人人起来负责，才不会人亡政息。"

——"防止人民形式上有权实际无权"，全国人大成立60年，总书记的话语发人深省。

2014-09-05

贵州教师见总书记，一声"习大大"，朴素亲切的称呼，折射民意民心：领导也是身边人，亲如一家是本义，谁说为官就该高高在上、拒人千里？让官员少点"神秘"，让权力复归平凡。多一点亲切，少一点隔阂，这样的新闻，今后还应多些！

——一个来自群众的政党，切莫让"官气"疏离了人心。2014-09-10

假日安排能否少一些东拼西凑？带薪休假何时不再羞羞答答？享受假日，是劳动者的基本权利。勤奋工作不是马不停蹄，快速发展也应张弛有度。把"闲"的选择权交给公众，劳动更有尊严，发展更有活力。

——全国假日办被撤销，公众的期待却不会休止。2014-09-16

"人民是否享有民主权利，要看人民是否在选举时有投票的权利，也要看人民在日常政治生活中是否有持续参与的权利；要看人民有没有进行民主选举的权利，也要看人民有没有进行民主决策、民主管理、民主协商的权利"。

——中国民主的标尺。2014-09-21

不时传出一些官员的抱怨：收入少了，福利没了。叫苦连天的背后，是被宠坏的权力赌气撒娇。这是提醒也是警醒：反腐倡廉，形势严峻复杂；整顿作风，绝非一日之功。将权力真正关进牢笼，让权力不敢贪、不能贪、不想贪，任重道远。继续加油！

———八项规定实施近两年，成效有目共睹。2014-09-22

从"落实从严治党责任"到"开启全天候探照灯"，都明确提醒各级官员：活动收尾，绝不是作风建设收场；严明党纪，持久战不容放松。党风关乎政风，更关乎生死存亡。锲而不舍、弛而不息，不正之风离得越远，人民群众离得越近。

———习近平就从严治党提八点要求，一个"严"字贯穿始终。2014-10-09

从"打虎拍蝇"到"深改小组"，热词的变迁，折射鲜明施政取向：严明吏治、破除藩篱，深化改革，圆梦复兴。700 余天，为政不易。唯以规则固化执政成果，唯以法治赢取长治久安。民意是最重的责任，民心是最好的标杆。习大大，加油！

———以习近平为总书记的新一届中央履职 700 余天，中国在改变。2014-10-17

"全面推进依法治国"。这是历史机遇，也是时代命题：全面深化改革，攻坚期何其艰难。唯以规则约束权力，以法治取代人治，方能开拓前行空间、赢取固本安邦。愿对法治的信仰，引领中国现代化的转型，光耀民族复兴的梦想。

———"全面推进依法治国"，字字千钧，承载多少期待。2014-10-19

公园本为公用，何时起变为醉生梦死的温柔乡、钱权勾结的隐秘处？亭台楼阁间，上演过多少觥筹交错、蝇营狗苟，又失散多少正气，失却多少民心！"四风"整治一年多，成效显著，不容松懈。明党纪、祭国法，谁敢以身试法，就让谁付出代价！

———中办、国办明确：历史建筑、公园等禁设私人会所。2014-10-27

今天，北京 APEC 圆满落幕，"双十一"成交再破纪录。看似不相干的两件事，前者标注国际影响，后者展现发展活力，让这个秋天暖意融融。这是对改革的证明，也是对改革的鞭策：停顿没有出路，前进才有希望。请牢记领导人在 APEC 上的宣示：唯改革者进，唯创新者强，唯改革创新者胜！

——唯改革者进，唯创新者强，唯改革创新者胜！2014-11-11

央企负责人薪酬改革将启，72 家央企，负责人普遍降薪成定局。顶着"长子"的名头，无论绩效，旱涝保收；薪酬虚高，与一线员工相差十余倍，这种分配谈何公平？哪来效率？央企姓公，不应只养肥少数人。淡化行政色彩，切断不合理利益。

——薪酬改革只是开始，激发企业活力，还需持久发力！2014-11-21

"最强禁烟令"引来"点赞"无数。烟草之害世人皆知，然而控烟多年，中国答卷为何难言圆满？比习惯更可怕的，是社会的纵容与漠视。比尼古丁更难戒除的，是巨额利润的诱惑。痛下决心，严格执法，全面禁烟，为了健康的中国！

——我国拟规定室内公共场所一律禁烟、全面禁止所有烟草广告。2014-11-24

"当不上官，就别想涨工资"，独木桥式的激励体制，滋长多少"官本位"习气，又冷落多少升迁无望的基层干部？给勤勉者以合理收入，在职务外开辟晋升通道。让每一份奉献获得应有的尊严，这样的改革，理应支持。

——深改组召开第七次会议，县以下将建立公务员职务职级并行制。2014-12-02

薄薄一纸户籍，割裂了地域、隔膜了城乡，更阻断几多梦想。小小身份标签背后，是公共资源的不均、社会福利的不公。同一片土地上，出身之别，不应成待遇之别。让每个人都享有平等的机会、相同的权利，这是中国梦的应有之义。

——国务院法制办就居住证管理办法征求意见，户籍改革再迈步。2014-12-05

反四风，反的是见不得光的钱权交易、见不得人的奢华消费，几时起，竟牵连普通职工的合法福利、原本简单的过节企盼？从严治党不是一刀切，春节将至，警惕歪嘴和尚念歪经。须牢记：八项规定的初衷，是要让公权收敛，让公众温暖。

——全国总工会明确，不应把八项规定与职工合法权益对立。2015-01-09

习近平同县委书记研修班学员座谈，要求把好"权力关、金钱关、美色关"。这是谆谆教诲，也是政治重托。主政一县，造福一方；官阶不高，责任如山。基层官员的作为与作派，直接关乎公共治理的优劣，更关乎公众对执政党的信心。

——"书记们"须谨记：清白做人、干净做事、坦荡为官。2015-01-12

最高检、最高法相继公布深化改革意见，"错案责任倒查问责"、"被告人出庭禁穿囚服"等一系列亮点引发关注。点滴的改良，见证着法治中国的前行，也关乎你我切身命运：只有用规则约束权力，用程序保障权利，才能在每个案件中体现公平正义！

——每条改革意见的背后，都曾有沉痛的教训。2015-02-26

所谓改革，不应是指向空泛的宏大承诺，而应是扎扎实实地解决问题。对准焦距、找准穴位、击中要害，"让人民群众有更多获得感"。人民需要的改革，理应有所回应；人民得益的改革，才有含金量！

——中央全面深改领导小组第十次会议召开，审议通过《中国足球改革总体方案》等文件。

2015-02-27

习近平羊年春节后首论改革：突破"中梗阻"，防止不作为。这是改革动员令，释放明确信号：深化改革，动的是既得利益，破的是现有藩篱。关键时刻，看的就是各级官员的肩膀与担当，岂容懒政惰政、犹疑观望？铁腕推行，让改革落地，让人民得利。这是政绩评判标尺，也是民心民意所向！

——"突破'中梗阻'，防止不作为。"习近平羊年春节首论改革。2015-02-28

税收法定，这是改革方向，更是现代政治文明的基石。现实中，有多少"任性"的税费早该清理？税收去向，又有多少明明白白？依法征税，依法治国，这才叫国家治理现代化。

——人大发言人回应上涨汽油税：今后凡开征新税，都要通过全国人大。2015-03-04

近两万字的政府工作报告，成绩与问题同在，风险与机遇并存，面对经济下行压力，如何带领中国突出重围？答案就在"不可任性"四字。权力嚣张，只会滋生腐败；权力规范，才能激发活力。"时和势都在我们这边"，关键是真改真干真行动！

——"有权不可任性"，李克强总理的"金句"风靡全国。2015-03-05

《政府工作报告》首推图解本，书中总理卡通形象"萌萌哒"。形色鲜活的图表，代替抽象的数据、阐释宏大的政策，这样的政治传播令人叫好：读图时代，谁说文件就只能板起面孔、一二三四？好政策为民谋利，就理应尽力让公众看懂。

——执政能力的现代化，离不开传播技巧的现代化。2015-03-20

部长没意见，处长画圈圈，处长何来逆天能量？"处长威武"背后，是畸形的执行流程、扭曲的行政方式。再好的政策，任由"处长"截流，改革就会中途夭折，放权将是镜花水月。国办发文是宣战：让政令畅通无阻，让权力敬畏法制！

——国务院要求文件须在 7 个工作日内印发，直指"处长治国"积弊。2015-04-29

用人规则变化，或许没有围观"打虎"那样痛快，殊不知，这才是更为深水区的改革。这对所有干部是个提醒：有权不能越界，但也不能缩成一团！贪污腐败会落马，不干事一样要下台，这撬动的可能是干部的未来。有些官员，你怕了吗？

——干部能上能下，今天的政治局会议，定下这样的用人导向。2015-06-26

习近平讲话，七常委出席，为何如此重视？因为，无论时代如何变迁，工人阶级主力军、青年生力军、妇女半边天都不是历史的概念，而是现实的召唤。群众团体来自群众，理应扎根群众。少些官僚作风，多些群众意识，群团才有感召力和生命力。

——党史上，第一次由中央召开党的群团工作会议。2015-07-07

公众抱怨，多是因为平时办证吃了不少闭门羹。适度证明本可保护公民人身财产安全，可各部门的信息之间壁垒森严，却让老百姓来回折腾。整合相关部门于一体，共享公民的个人信息，只有数据多跑路，百姓才能少跑腿。

——公安18项"减证"放权，有人指责是在"甩包袱"，也有人称许理应权责分明。

2015-08-25

千呼万唤中，国企改革总体方案终于出炉。建立监管权力清单，该管的绝不缺位，不该管的绝不越位；以更有力的手段监管资产，严防国资入私囊，严防干部成蛀虫。收与放，管与活，是一次利益的再平衡，更是一场艰巨的攻坚战，考验着智慧与勇气。

——国企改革，我们拭目以待。2015-09-13

法治中国

中央政策、态度及成果

7名官员相继落马，反腐风暴悄然掀起。感叹速度快、力度大的同时，一个现象令人深思：多数蛀虫的曝光，源自网络举报。网络反腐固然直截了当，却不应"一枝独秀"。网络举报频发，说明渠道不畅；网络反腐担纲，反衬制度有失。

——反腐靠网络还是靠制度？靠人治还是靠法治？2012-12-07

坚决遏制腐败，坚定深化改革，中央政治局同一天的两个会议，聚焦当下最紧迫的政治议题。攻坚克难，最强大、最持久的动力源自人民。顺应民心，尊重民意，凝聚民智，每一天都是深化时机，每一年都是改革元年。时不我待，中国加油。

——无论反腐还是改革，都是硬骨头，都需要勇气和智慧。2013-01-01

一年，16 万人受处分，线索 41.8% 源于信访举报。来自中央纪委监察部的数字，凸显反腐形势之严峻，也体现公众监督之威力。失去制约的权力不可能自净，创造条件让人民监督，闻过则喜对待舆论监督，政府才不敢懈怠。

——阳光之下无恶政，莫让言路闭塞，成腐败荫蔽、时代之伤。2013-01-09

中央加强干部选拔任用工作监督，从坚决防止"带病提拔"到建立倒查机制，条条戳中要害。唯以铁纪约束权力运行，让人民监督官员任免，才能正本清源、风清气朗。

——用人腐败是最大的腐败，任人唯亲甚至卖官鬻爵，践踏的是规则，荒凉的是民心。

2014-01-26

高档酒宴频现退订潮，各地两会竞刮简朴风。岁末，这样的新闻令人欣慰却也担忧：热闹背后，有多少切实转变，又有多少应景文章？转作风、明吏治非一日之功，一纸禁令或可短期治标，制度完善方能长效治本。

——以治标之策换治本空间，民意有期待，时机不能等。2013-01-27

一时高压，换不来风清气正，却很可能压出"上有政策、下有对策"的应景敷衍。也让人警醒：权力不会自我设限，只有靠制度和监督，将权力关进笼子，让官员不能贪、不敢贪，转作风才不会转成"低调腐败"。

——避开星级酒店，潜入驻京衙门，年底吃请风正与中央政策"躲猫猫"。2013-01-29

"要求别人做到的自己首先做到"，中央政治局专门会议再次凸显从严治党的决心。根治痼疾，需率先垂范的姿态，更需壮士断腕的勇气。树立正确权力观，才能破除对特权的迷信，根除官僚主义土壤；推进党内相关制度改革，才能固化作风建设成果，让为官者恪守正道。

——不良作风是滋生腐败的温床。2013-06-25

中秋将至，中央明令禁止公款送月饼。"清风朗月不用一钱买"，天价月饼与中秋节的本义背道而弛，更充当着人情腐败的工具，岂容暗度陈仓？皓月当空、桂香为浓，一家人在月光之下，伫望嫦娥守候的美丽，不是更美好的中秋记忆吗？

——有些地方高档月饼乔装打扮、以求热销。2013-09-05

车少了，礼少了，吃请也少了。至少表面是这样。人们看到改变的可能，更期盼："三令五申"能化为制度力量，让高压下的"一阵风"，成为常态下的"四季景"。中国回归朴素，才是最真实的富足。

——这个中秋，"官衙"门前似乎冷清了许多。2013-09-20

"只有让人民起来监督政府，政府才不敢松懈，只有人人起来负责，才不会人亡政息。"中央惩治预防腐败体系五年规划，发出从严治党清晰信号：既要严惩，"老虎苍蝇"一起打；更须预防，抓早抓小治病救人。

——治国先治吏，党纪国法面前不容例外！2013-12-25

诸多官员落马，彰显反腐决心，更提醒肃贪紧迫。不让制度成为纸老虎、稻草人，唯有以机制规束权力，才能从不敢贪的恐惧，走向不能贪、不易贪的制度必然。廉洁政兴，腐败政息，历史铁律，当记当省！

——"保持惩治腐败高压态势"，十八届中央纪委三次全会传出的声音，再次表明中央反腐态度。

2014-01-14

一年公务接待超2000次，甚至沦为地方官员"行宫"，驻京办撤得了牌子、堵不住需求，警示特权腐败还有土壤，权力寻租仍存空间。若一个社会不是敬畏规则，反而挖空心思围着权力转圈，如何激浊扬清、让人相信公平？当思当断！

——决策不透明，就会有"跑部钱进"的动力，就难除人情面子的博弈。2014-01-21

平均每周4名的速度，体现新一届中央反腐力度。一时成效固然可喜，也应清醒：反腐肃贪任重道远，尚须持续高压、久久为功，以治标之策，换治本时间。让官员不敢贪，终须为权力套上缰绳！

——492天，285名领导干部涉嫌违法违纪被查处。2014-04-16

从"房叔城管"到"不雅书记"，"冠冕堂皇、满腹蛆虫"的问题官员，损害政府公信，更动摇执政根基。严惩贪官，固然大快人心；重塑形象，终需制度给力。权力学会敬畏，才谈得上民意民心。

——社科院发布报告称，官员形象危机呈多元高发态势，"贪渎色假枉"成五大风险。2014-05-28

火箭升迁带病上岗，拉票贿选买官卖官，钱权交易背后，腐败共同体由此滋生。应当追问：用人失察如何问责？公众监督权又如何落实？用人腐败是最大的腐败，是执政党最危险的敌人。猛药治重疴，打掉潜规则。吏治清明，才有清明中国。

——2014首批中央巡视组反馈意见公布，选人用人问题多多。2014-07-08

官场之上，上级"领主"下属"家臣"的乱象由来已久。正常的上下级关系，蜕变为人身依附，根子在绝对权力。没有制度约束，权力怎能不自我膨胀？脱离公众监督，公权又如何不被私家驱使？打掉独立王国、剪断裙带关系，靠重拳高压，更靠民主与法制。当思当戒！

——上级成"领主"，下属变"家臣"。2014-07-09

反腐愈劲，阻力可能越大。腐败分子不会坐以待毙，利益集团盘根错节，价值观念、制度机制仍存致腐缺陷。复杂严峻的形势是挑战，也在警醒：铲除腐败网络，根除滋生土壤，束紧制度笼子，反腐无真空，更无终点。将反腐进行到底，莫辜负人民期待！

——中央强力反腐，"老虎"个个落马。2014-08-05

"家乡官"成腐败高发群体，其间道理不言而喻：裙带环绕、朋党众多，当缺少制约的权力遇上根深蒂固的关系，哪有不贪的道理？官员是人，人性的弱点，唯以铁的制度约束。严格人事回避、强化监督制约，官员有底线，官场有清风。

——十八大以来，41名省部级高官落马，其中近半被查时在原籍任职。2014-08-06

反腐会不会见好就收？会不会因为利益集团的阻挠而停滞？类似的观点，貌似有理，实为误读，有的更是别有用心。对执政党来说，反腐是持久战也是生死战，不能一蹴而就，更不会半途而废。中国反腐，还在路上。

——关于中国的反腐走势，目前国内和国外都有各式各样的评论。2014-08-07

双双破纪录的数字，见证反腐力度，也回应观望心态：谁都不要心存侥幸，认为反腐风暴就此收敛；谁都不要抱有幻想，计算不出事的概率。反腐已成中国政治"新常态"，这是执政党的政治交代：谁腐败，谁就是下一个被抓的人！

——中纪委一天公布10斤官落马，今年上半年全国共查处8.4万党员干部。2014-08-14

打虎战绩赫赫，凸显从严治党决心，也折射反腐形势的严峻。人们不禁要问：这么多"老虎"背后，谁在为虎作伥？何以养虎为患？打掉贪官易，铲除土壤难。让官员从不敢贪到不能贪、不愿贪，公众在期待。执政者，请加油！

　　——一周之内，5名省部级官员被查；十八大以来，48只"大老虎"落马。2014-08-30

细致的规定，体现从严管理，也折射积弊顽习：有多少腐化之举、不正之风假以"会议"之名？禁止到景区开会，16年前就有规定，为何至今仍未完全杜绝？严格规定，更须铁腕执行。让人民监督权力，刹歪风、树清风，不须再等16年！

　　——中办国办通知：党政机关禁止到21个景区开会。2014-09-28

一年多，从"八项规定"到"反四风"，这是干部作风的转变，也是政治生态的重建。"作风问题关系人心向背，关乎生死存亡"，积弊不除，危机四伏！活动可以收尾，作风建设不能收场。从制度约束，到公众监督，仍需从严从实。执政党，莫辜负人民期待！

　　——群众路线教育实践活动宣告收官。2014-10-08

教育实践活动结束，各级教育活动办公室暂时保留。这透露明确信号：整风并未过去，从严治党仍将继续。肯定成绩，也应深思：年年教育、次次治理，党风为何还会出问题？"反四风"让官员"不敢"，把暂时不敢变成永远不敢，唯有制度给力。

　　——水滴石穿、建章立制，莫让四风反弹，莫让人民失望！2014-10-12

官商勾结、能人腐败、小官巨贪、山头主义、买官卖官。顽症背后，是共同的病根：制度不健全，权力不透明，监督不到位。以法治约束权力，让人民监督政府，顽症才能真去除，政风才能真转变。

　　——中央巡视组第二轮巡视情况公布，五大痼疾凸显。2014-11-04

官帽不大，实权不小；位置不高，贪腐惊人。这是警示：基层权力一旦失去制约，贪婪只会变本加厉，"身边的腐败"危害尤甚。扎好笼子，关闭寻租空间；完善监督，让权力在阳光下运行。别让小小"苍蝇"，塌方了政府公信、损害了执政基石！

　　——中央第二轮巡视收官，各地"小官巨腐"触目惊心。2014-11-05

空前的举措，传递明确信息：无论何种制度，腐败都是文明公敌、社会毒瘤，必须坚决清除。信息共享，消除腐败避风港，让腐败分子无处遁形。也警示大小官员：形势在变化，手莫伸，伸手必被捉。若是以身试法，就算天涯海角，都将一追到底！

——APEC 推出《北京反腐宣言》，确认各经济体联网反腐。2014-11-09

清晰可见的"红线"，为各级官员划清行动边界。"将权力关进制度笼子"，所需要的，正是这样一根根缜密的"红线"。更应看到，徒法不能以自行。切实执行，强化监督，谁敢偭规越矩，就让谁付出代价！反腐肃贪，请从一个个细节抓起！

——党政机关办公用房标准发布，正部级官员禁超 54 平方米。2014-11-27

前两轮巡视所到之处，随即曝出问题，证明中央巡视不是过家家，而是真刀真枪！此轮专项巡视，直指问题要害：有没有看不见的中饱私囊？有没有盲区里的钱权交易？期待巡视组动真碰硬，给人民一个交代：反腐有魄力，改革才有动力！

——中央第三轮巡视进驻全部 13 个单位，反腐整风再出发。2014-11-30

两年，查处问题 6 万多起，处理人员 8 万余名，前所未有的力度，打造政坛"新常态"，也打消舆论疑虑：整饬吏治，共产党决心空前，绝对不搞一阵风！变化可喜，更当清醒："四风"顽固，根除不易。比权力反腐更重要的，是制度反腐。法治须给力，成效才长远。

——今天，八项规定出台两周年。2014-12-04

人们津津乐道于"老虎"的落马，也暗自揣度"下一个"的名字：这场戏，会到哪里是个尽头？腐败之害，祸国殃民，这是一场输不起的战争，必须打，只能赢。不断刷新的"老虎"级别反复印证：出来混，迟早是要还的！

——时至年终，反腐大戏接二连三。2014-12-22

"不是没有掂量过，但我们认准了党的宗旨使命，认准了人民的期待。"这是难得的清醒：执政党刮骨疗毒，压力风险可想而知。然而，猛药去疴，民意是最好的支持；重典治乱，民心是最大的靠山。当牢记：水可载舟亦可覆舟，执政党，莫忘宗旨，莫忘担当！

——习近平谈铁腕反腐。2015-01-03

力度空前的风暴，攻坚权大于法，剑指顽症痼疾。两年，习近平用行动证明：不管是谁，只要违反党纪国法，都要严惩不贷！如果说治标要靠重拳高压，治本则要靠法制和监督。扎紧制度的笼子，让人民监督政府，才有官员不敢、不能、不想贪！

——十八大以来，56个大老虎落马。2014-11-15

羊年春晚多个反腐类语言节目，据说是传说中的"30年最大讽刺尺度"，吊足观众胃口，也折射社会公意：语言节目，本就该针砭时弊，何时起只剩下歌功颂德？腐败现象客观存在，又何须遮遮掩掩？害怕讽刺的权力，终将远离人民。嬉笑怒骂，恰是民心所向。直面现实，才有自我革新。

——羊年春晚，多个反腐类语言节目引关注。2015-02-14

习近平挥棒打虎卡通短片热传。轻松诙谐的画面与情节，引来好评也给人启发：领导人形象本就该随和亲民，严肃题材也可以活泼表达。这，难道不应是政治传播的本义？古板严肃，只会制造隔阂，自说自话，何谈打动人心？新年新气象，为这样的短片点赞。

——政治传播，请多些亲和，多点自信！2015-02-20

"凡提拔，必核查"的举措让人叫好：从严治党，关键在从严治吏。既然为官，就理应对组织坦荡，对人民负责。利剑高悬，才能让权力时刻警省，让贪腐无所遁形。唯愿严格落实、严肃执纪，用制度之网，确保官员不敢、不能、不想腐。

——全国副处以上干部基本完成个人事项填报，今后实行"凡提拔，必核查"。2015-03-23

领导干部干预司法将被追责。这是给权力划出边界线，为司法设立防火墙。现实中，一些领导打招呼、递条子、下指示，制造多少不公？权力的手伸得太长，践踏的是法治原则，伤害的是公平正义。让法治高于人治，让权力懂得敬畏，这是时势所趋、民心所向。

——中办国办下发文件，明确领导干部干预司法将被追责。2015-03-30

今天，中央政治局以一场反腐倡廉集体学习，纪念中国共产党94岁生日。这是对"反腐放缓论"的回应，也是对"反腐路线图"的廓清：猛药重拳不会减弱，制度建设也要跟上。反腐关系人心向背，是一场输不起的战斗。执政者，莫辜负人民期待！

——开弓没有回头箭，反腐没有休止符。2015-06-27

又是周五，又见打虎。内心若无阳光，便脸上再多的微笑，也不过是阴郁的隐约注脚。不曾真实面对，便口中再深刻的自省，也不过是懦弱的晦涩托词。什么权势显赫，什么怒马鲜衣，不过浮云。唯有心有敬畏、外有约束，才能管住权力的放纵。

——人生起落真如戏，个中滋味费思量。2015-07-24

公车、公款吃喝

行必宝马香车，吃必山珍海味，建必瞩目超群，谁让奢靡风气愈演愈烈？不是没标准，规矩也定下，缺的是认真执行、严格监督。干部少些舒适，百姓才能多些安逸；权力低调一点，公民才能昂首挺胸。这是执政法则，请牢记。

——济南政府大楼堪比美国五角大楼，陕西贫困县领导座驾超过部级标准。2012-12-12

舌尖上的中国，舌尖上的浪费触目惊心，舌尖上的腐败更值得警醒。不是没有过三令五申，但运动式整风一过，奢靡之气又卷土重来。历次整风的得失提醒我们：唯将权力关进制度笼子，让人民监督公共财政，才能管住吃喝的嘴、寻租的手。

——一年倒掉2亿人口粮，一顿饭人均2000算便宜。2013-01-22

我们似乎陷入"中国式人格分裂"：对他人呼唤道德崇高，对自己选择现实功利；人人都觉得是受害方，又都是规则破坏者。社会进步，需要制度完善，也需要每个人坚守心底的法则。改变自己，就是改变中国。

——谴责舌尖上的腐败，却以公款饕餮为荣；指责拼爹的不公，又热衷于利用潜规则获利。

2013-01-23

印度总统只坐印度车,档次相当于中国夏利;中国官员不坐中国车,奥迪 A4 都嫌配置低。近日多地规定官员将逐步换乘国产车,传递一个信号:自主品牌优先是国际通例,严禁权力挥霍是政治文明准则,不用讲中国特色。官员少些体面,国家长些脸面。

——官车贪贵求洋,折射权力的炫耀攀比。2013-02-04

云南永胜县给公务用车喷涂标识,并公布举报电话。这种做法,为遏制"车轮上的腐败"提供了思路:公开是反腐的良药,监督是权力的天敌。改革大幕开启,让权力在阳光下运行,则腐败可除;让人民监督权力,则善治可期!

——打上公车印记,人人得而监督,看谁还敢肆无忌惮公车私用?2013-11-20

中纪委

"决不允许腐败分子有藏身之地",中纪委的严厉措辞,让人们看到新一届中央反腐的鲜明立场和坚定指向。当党心民意同鸣共振,我们在向腐败宣战的同时,也要打牢制度"补丁":让权力在阳光下运行,监督体系是否完善?创造条件让人民监督,民意渠道是否畅通?决心诚可贵,制度当跟上。

——中纪委的严厉措辞,让人们看到新一届中央反腐的鲜明立场和坚定指向。2012-11-27

清理会所腐败,表明反腐之剑正从公开场所向私密场所延伸,也折射当下钱权交易之隐秘、反腐情势之复杂。权力离开笼子,三令五申也是枉然;权力不见阳光,规定再多也有空子。民主法制就是笼子,民主监督就是阳光。

——中纪委要求纪检监察干部限期清退所收受会员卡。2013-05-27

找"老虎",抓"苍蝇",彰显反腐决心,寄寓公众期待。然而也当清醒:明吏治,肃贪腐,需要"一把火"和自上而下的铁腕,更需要公开透明的机制、自下而上的监督。用权力管理权力,只能管住一时;以权利制约权力,才有长治久安。

——公布联系方式,立足发现问题,中央巡视组近期陆续奔赴各地。2013-06-01

开门反腐,把网络活力化为反腐动力,更能防止模糊举报伤及无辜。可见,网络谣言当除,但公民合法监督不应受到遏制和打压。网络是最大变量,误用可为破坏力,善用则为推动力。善用网络,置腐败于人民监督的汪洋大海,则腐败可除、民心可聚!

——中纪委举报网站开通 20 天,收到举报 15253 件。2013-09-24

中纪委自曝家丑的背后，体现正风肃纪的决心。司法腐败，为害尤甚，侵蚀法治基础，溃散公众信心。"其身不正，虽令不从"，"灯下黑"的司法，何谈正义公平？用监督破除监管盲区，用制度堵上反腐漏洞。先有自清自廉，才捉得了苍蝇，打得了老虎！

——中央政法委通报10起政法干警违纪违法案。2014-02-11

反腐高压之下，谁来监督监督者？中纪委对内动刀，是行动更是宣示：反腐无特区，身份非特权。束紧制度牢笼，保持自我净化，去除"灯下黑"，监督者才有锐气，反腐败才有底气。中纪委，给力！

——中纪委魏健被查，又一位"内部人士"涉嫌违纪违法倒下。2014-05-09

今年以来，5位纪检相关官员落马。自清门户，回应"谁来监督监督者"的疑问，彰显刮骨疗毒的反腐决心。然而也应看到，同体监督，成本高昂；壮士断腕，难掩自我净化之困。根除灯下黑，还须创新监督机制、拓展监督途径。中纪委，请继续给力！

——时隔10天，中纪委两位"自家人"被查。2014-05-21

重拳高压的同时，纪检体制改革也在提速：纪委垂直领导，破解同级监督难题；巡视制度动真碰硬，看谁还敢自恃地头蛇？！绝对权力导致绝对腐败，把权力关进制度牢笼，中纪委仍任重道远。有民心民意力挺，请继续加油！

——近来，中纪委相当给力。从苏荣到徐才厚，打老虎的雷霆行动捷报频传。2014-07-12

中纪委确定第二批巡视省份，明确表态"再杀个回马枪"。这传递鲜明态度：整风将成常态，反腐重在持久。常态化的巡视，将是强有力的威慑：巡视过不代表就此过关；各级官员，别总指望"避避风声"。贪腐顽疾非一日所成，根治须久久为功。

——中纪委加油，别让贪官心存侥幸，别让歪风故态复萌！2014-07-17

强力推动、强势出击，让贪官胆寒，给公众希望。其实，这原本就是纪委的职能和本色。所谓治乱用重典，重病须猛药，唯以铁腕打击，方能换取根除腐败的时间、制度革新的空间。这样的中纪委，人民顶起！

——十八大以来，不断加速的节奏、不时落马的贪官，令舆论惊呼"最强中纪委"现身。

2014-07-26

"仍敢我行我素、依然故我，就要为党改进作风付出代价！"王岐山在中纪委四次全会上的严厉措辞。中央反腐决心空前坚定，任何党员干部切莫心存侥幸、以身试法！也应看到：刮骨疗毒，愈到深处愈是艰难。治病树、拔烂树，莫使前功尽弃，理应久久为功。中纪委，勿辜负人民期待！

　　——中央反腐决心空前坚定，任何党员干部切莫心存侥幸、以身试法！ 2014-10-25

党风政风，决定民心民意。反腐除贪，事关生死存亡。这两年"打虎拍蝇"，成效有目共睹。然而也该清醒：有多少贪官，只是收起脖子，伺机观望？"四风"一旦反弹，前功必然尽弃。人民期待反腐持久战！

　　——王岐山《人民日报》撰文，直言"反腐败是一场输不起的斗争"，忧患之情、

　　警示之意溢于言表。　　　　　　　　　　　　　　　　　　　　2014-11-03

这两年打虎拍蝇，成效有目共睹。也应看到，从遏制腐败到重构政治生态，依然任重道远。当清醒：反腐进入持久战。猛药去疴的决心不可减，刮骨疗毒的勇气不容泄，严厉处罚的尺度不能松。反腐到底，这是人民期待！

　　——新的一年，反腐怎么干？中纪委五次全会上，习近平给出了答案。2015-01-13

年节之际，一场饭局，几杯佳酿，人情往来是传统习俗，却也可能成为权力陷阱：以"感情"的名义，有多少官员积小贪为巨腐，走上不归路？打虎拍蝇不易，铲除文化土壤中的"腐败无意识"更难。为官一任，须时时敬畏在心，警钟高悬！

　　——元旦春节，中纪委通报 620 起违反八项规定案，点名 855 人。2015-02-22

中纪委网站刊文驳斥"反腐只是一阵风"。这点中部分官员的"心态死穴"：面对反腐高压，惶恐不安、无所适从，总盼"风声早点过去"。然而，腐败存量尚在，正是胶着时刻，岂可鸣金收兵、前功尽弃？用一场反腐持久战，回应人民期待。请铭记："不反腐亡党亡国，真反腐兴党兴国"。

　　——用一场反腐的持久战，回应人民的期待。2015-02-23

中纪委历史首次向中办、国办等七部门派驻纪检组组长。监督机制进入"禁地",这体现中央从严治党的坚强决心,也再次对外宣示:打虎拍蝇"无禁区、全覆盖",绝非一句空话!党纪国法面前,理应人人平等。最简单的道理,真正落到实处,需要政治家的勇气与担当。

——党纪国法面前人人平等。2015-03-31

无论是令人唏嘘的"能人腐败",还是不做不错的尸位素餐,其实都在模糊原则和消磨志气中污染着健康的政治生态。能者上、庸者下、劣者汰,从政环境才能清明,干事创业才有动力,人民群众才会满意。

—— 一边是中纪委铁面追赃,贪官难逃"官去财空";一边是中组部从严治吏,干部能上
更要能下。
2015-07-29

政协反腐

全国政协原副主席苏荣被双开。通报中"大肆卖官鬻爵"的字眼触目惊心。当钱权交易撕去最后的遮羞布,变成赤裸裸的利益交换,必须追问:是谁助长了人性的贪婪,造就了权力的恣肆?高级干部堕落至此,令人心痛。中央打虎无禁区,决心有目共睹。

——强化约束,完善制度,莫让"苏荣"再现! 2015-02-16

两年多,14名全国政协委员资格被撤销,这体现空前的反腐力度,也体现自我净化的决心。政协是政治协商重要机构,绝非退休官员的清闲场、腐败分子的藏身地!清除害群之马,更须完善制度机制,增强履职能力。一个务实清廉、敢言能言的政协,是中国之福!

——全国政协报告20年来首次明确提反腐。2015-03-03

央企反腐

舆论惊叹违规金额之巨,也难免遐想:审计之外,还有多少"问题奖金"流入个人腰包?普通公众,又如何不心生分配不公的怨言?央企姓公不姓私,理应承担更多社会责任。强化监管,强力整治,别让过度的私人福利,毁了形象、伤了人心!

——审计署查实,6家央企违规发放1.7亿福利。2014-06-20

如果国家财产就这样进入个人腰包，党纪国法何存，更如何树立"国有"二字的公信力？国企干部不是红顶商人，不是私人老板，绝不能把国家资源当成予取予求的"私产"！2015年将实现央企巡视全覆盖，愿反腐利剑所向，铲除蛀虫，并让国企回归"国有本色"！

——中央巡视组公布多家央企违纪问题。2015-02-05

"步步紧逼"的巡视，渐成常态化的治腐之策：谁敢顶风作案，就让谁付出代价！央企姓"公"，理应造福国民。国有资产，分毫不容有失。靠山吃山、谋取私利、利益输送，这样的央企，如何让国民放心？愿巡视利剑高悬、震慑常在，保住国资平安。

——中纪委部署2015首轮巡视，26家央企在列。2015-02-11

一汽徐建一，中石油廖永远手握国有资源，肩扛经济命脉，国企之内，岂容蠹虫滋生、硕鼠横行？专项巡视，铁腕打虎，更应从根本上改革政企不分的管理体制，管住权力寻租的灰色空间。别让国家的财富，饱了个人的私囊。

——"两会"刚刚结束，中纪委密集打虎，剑指国企贪腐。2015-03-17

中投证券董事长龙增来被严处，15家央企"体检"清单接连公布。这表明：对个人和企业，作风不正、腐败不休，法纪绝不松。"掮客""近亲繁殖""寄生性利益共同体"……巡视报告虽出新词，央企腐败病根同源。

——国有资产是全国人民的共同财富，反腐必须保持高压，但完善制度才能治病求本。

2015-06-17

今天，中纪委再次公布央企巡视情况。9张"体检"清单，吃里扒外、掮客敛财、寄生腐败等用词格外扎眼。央企姓公，岂能变为个人私产？央企属国，怎能啃噬公共利益？央企领导不是"红顶商人"，国有资产不容"私相授受"。

——央企反腐，重拳高压与制度建设当同步跟进！2015-06-18

军队反腐

从谷俊山到徐才厚，从巡视制度到清理住房，打击军内腐败，中央决心空前、力度空前。军中"硕鼠"，败坏的不仅是军队声誉，更是国家安全的基石。一支敛财成风的队伍，如何能战？打老虎、除痛疽，依法治军，从上查起，不应有禁区！

——解放军审计署划归中央军委建制，审计更独立，监督更有力。2014-11-06

当拿着枪杆子的手伸向钱袋，当精忠报国让位于纵欲敛财，如此硕鼠巨蠹，何谈保家卫国？刮骨疗毒，才能去腐生肌；烈火淬炼，才有钢铁之师。军中打虎，人民期待再传捷报！

——军方一次公布16名军级以上官员被查处情况，以明军纪，以儆效尤。2015-01-15

时隔40余天，军方再次通报郭正钢等14只军级以上"老虎"，今年以来，军中"打虎"整整30只。前所未有的风暴，展现破釜沉舟的决心：腐败零容忍，绝不是说说而已。从严治军，没有不受查处的铁帽子王。反腐是场遭遇战，更是持久战，争的是国家命运、民意民心。

——再大的老虎，也要拿下！2015-03-02

十八大后"打虎"终破百。这是阶段成果，却绝不是句号。反腐关系人心向背，中央和人民需要的是一场完胜。保持重拳高压，打虎也要拍蝇，才能让人民拥有更多获得感。百虎过后尚有虎，反腐永远在路上！

——今天，军队公布三虎被擒，十八大后"打虎"终破百。2015-04-26

基层反腐

旷工饷、冒名饷、死人饷……五花八门的空饷惹人联想：白吃了多少年？糟蹋了多少钱？当原本严肃的编制，异化为谋私的游戏，当追问：权力何以肆无忌惮？根治空饷，不能一退了之。严厉问责，严防回潮，莫让硕鼠亏空了国库、亏欠了民心！

——全国专项整治"吃空饷"，共清查出16.3万余人。2014-09-25

该是怎样疯狂的贪腐，才能敛得如此巨款？发生在河北的极端案例，折射基层治理的灰色地带：缺少制约的权力末梢，寻租空间巨大；百姓身边的小官巨腐，危害的是权力公信，侵蚀的是执政根基。"打虎"行动正酣，"拍蝇"也要给力！

> ——小小科级官员，家藏亿元现金、37公斤黄金、68套房产。2014-11-13

从土地征用，到村委选举、基层治理，看得见的权钱交易、摸得着的腐化堕落，最令人深恶痛绝。"蝼蚁式"腐败，损害的是社会公正，侵蚀的是公道人心。反腐败，打虎、拍蝇、灭蚁应并举，如此才有风清气正、政通人和！

> ——中央"一号文件"出台，强调"查处农民身边的腐败"。2015-02-01

比数字更可怕的，是小官巨腐背后折射的贪腐文化：办事无论巨细，先要送礼打点；一朝小权在手，就谋求利益变现。强力拍蝇，关闭寻租空间。别再让身边的腐败，伤害了公平、侵蚀了公信。

> ——广东湛江"史上最大驾考受贿案"二审判决，39名考官涉案2100余万。
>
> 2015-04-05

矿泉水瓶装茅台，承包山头建会所……中纪委网站今日刊文，直指基层腐败花样翻新。这是一种警示：基层如果成为法纪"飞地"，就会影响公众的反腐获得感；高压不能层层传导，就会阻滞来之不易的反腐进程。基层是一个政党的表情，这里直接生长民心民意。

> ——蝇害猛于虎，基层反腐当更给力！2015-05-25

131起，184人。中纪委首晒基层腐败案，一半涉村官。这是反腐下沉的信号，也是对基层吏治的警示：权力不在大小，失去有效约束，腐败就会滋生。落实基层民主，把权力关进法治笼子；完善监督监管，让权力在阳光下运行。反腐直通最后一公里，别让小小"苍蝇"，损了根基，寒了民心！

> ——基层反腐尤为重要。2015-07-12

海外在逃贪官

最高检启动专项行动，集中追捕外逃贪官。这释放强烈信号：治理贪腐，严惩"逃官"，中国有一查到底的决心。这些年，从"裸官"到"贪官"再到"逃官"，已成典型贪腐模式。外逃的是巨蠹，流失的是民心。当以雷霆手段，明确警示：海外不是避风港，伸手必被捉，绝不允许腐败分子逍遥法外！

——绝不允许腐败分子逍遥法外。2014-09-27

四部门一起喊话，敦促外逃贪官12月1日前投案自首。这是最后通牒：主动投案才能争取宽大，心存侥幸终究难逃严惩。贪官携款外逃，坏了国家形象，冷了亿万民心。亮明追逃决心和政策底线的同时，更要严格监管、扎紧篱笆，不让民脂民膏再"逍遥出游"。

——切莫让贪官坏了国家形象。2014-10-10

"猎狐行动"近4个月，288名经济犯罪嫌疑人归案。这是有力的震慑：别再梦想"捞饱就跑，跑了就了"，天涯海角，也难逃法网恢恢！贪污贿赂，是人类社会的公认毒瘤。海外追逃，伸张的是公理正义，维护的是法律尊严。再次提醒：12月1日是主动投案最后期限，莫因心怀侥幸，错过最后的救赎！

——"猎狐行动"取得阶段性进展。2014-11-17

中纪委网站公布逃美被抓贪官自述：偷生海外两年有余，仅靠面包果腹，有病不敢就医。可悲的案例令人唏嘘：早知当日，何必当初？腐败，是文明社会公敌。前车之鉴，警示各级官员：党纪国法不容挑衅。切莫心存侥幸、自毁前程！

——中国政府海外追逃信心坚定，天涯海角，也难逃法网恢恢！2015-03-19

大快人心的行动，是最严厉的警告：贪官逃到天涯海角，也要绳之以法！贪官外逃，海外洗钱，这是全球公认的犯罪行为。纵容包庇逃官，为正义所不容，为文明所不齿。"布下天罗地网，决不能让腐败分子躲进避罪天堂、逍遥法外。"

——中国启动"天网"行动，追捕外逃贪官、追缴涉案赃款。2015-03-26

不同司法制度间的差异与误解，让美国一度成为腐败分子的"避风港"。但天底下哪个国家真心愿意成为藏污纳垢之地？中美的误解冰释，狡猾的"狐狸"便无所遁形。正义不分国界，就算天涯海角也有他们绳之以法的一天。

——海外追逃出现在了习近平访美的成果"红包"里，让国人叫好，让贪官胆寒。

2015-09-26

裸官

中纪委表态，加强监督配偶子女移居国外官员。看好裸官，靠内部监管，更靠外部监督。官员财产报告已执行多年，能否进一步推进财产公开？身家透明，社会监督，才能保持权力谦卑，减少权力出轨。

——裸官未必是贪官，却更易成贪官。2013-02-26

裸官未必是贪官，贪官许多是裸官。一有风吹草动，随时可以跳船，这样的官员，如何让人心安？升迁无望、退休让贤，这是对为官划出底线，也为贪腐堵住后门。更期待：推进依法治国，拓展公众监督，让权力臣服于民主和法制！

——因是"裸官"，广州市委副书记提前五个月退休。2014-05-19

"只靠中央抓，能抓得过来吗？"这是严厉质问，也反映严峻现实：倘若只打老虎、不拍苍蝇，百姓如何满意？倘若压力不能下沉，反腐何以持续？反腐不进则退，敷衍搪塞无异与虎谋皮，到头来只会消解公信、失去民心。这是一场战斗，请拿出决战勇气！

——中纪委网站接连发文，督促地方反腐加力。2015-05-11

地区反腐

• 南京反腐

密集的反腐动作，是震慑也是宣示：新一年，"打虎"不会止步，"拍蝇"不会停歇。反腐顺应人民期待，关乎执政根基。反腐之难，难在治本之策，难在自我革新。这需要壮士断腕的决心，也需要运筹帷幄的政治智慧。

——新年首个工作日，南京市委书记被查，山西四名厅官被抓。2015-01-04

中纪委深夜打虎，南宁市委书记应声落马。这是反腐取得的最新战果，也是对观望心态的有力回应：所谓"打虎要放缓"的论调，不过是看客的无端猜测；所谓"反腐一阵风"的期许，无外是贪官的侥幸心理。反腐输不起，中央和人民都明白，就别再东张西望了！

——反腐不分时间地点。2015-05-23

• 山西反腐

屡屡出击的重拳，不断加速的查处，警示官员：官帽再大，也不是贪腐的保护伞；退居二线，也不是逃避的护身符。惩治贪腐，整肃吏治，党内无例外。无论什么人、职位有多高，一旦贪腐，便难以"平安着陆"。如此力度，倒下的是贪官，立起的是信心！

——涉嫌违法违纪，山西两名高官同日被调查。2014-06-19

罕见的反腐力度，折射严峻的腐败态势。官商勾结积疴多年，深层源头值得警醒：当"看得见的手"在资源配置中占决定地位，绝对的权力绝对腐败！反腐未有穷期，更须从源头厘清权力的边界。当省当思！

——山西官场"强震"，今年以来，省委、省政府、省人大、省政协，四大班子竟有七名高官被查。

2014-08-31

"通奸"字眼频现官员落马通告，引发热议也惹人痛心。法无明禁，通奸非罪。然而党纪严于国法，党员违法必先违纪。守不住人伦道德的官员，又怎守得住清廉底线？这再次提醒：为官者须知自重，用权者当明敬畏。"出来混，迟早是要还的。"

——山西4名官员被双开，两名女性均与他人通奸。2014-11-26

蛀虫频频被挖，暴露这个能源大省政治生态积弊之深、官场沉疴之重。腐败高发背后，是盘根错节的官商网络、错综复杂的利益纠葛。当反思：是何原因，让权力忘记底线、肆意妄为？清痈疽，强肌体。反腐未有穷期，制度更当给力。

——山西，前天刚刚四名厅官"双开"，今天又见四名县官落马。2014-11-28

山西需要重振精气神，也要铭记警示："一坨一坨"的腐败背后，原因究竟在哪里？抵御塌方式腐败，还需要构筑怎样的防线？高压反腐，用最坚决的态度减少腐败存量；制度为网，用最果断的措施遏制腐败增量。瞩望山西，山清水秀！

——王岐山谈山西"塌方式腐败"，称"代价不能白付"。2015-03-11

• 云南反腐

"辛辛苦苦三十年，一夜回到解放前"，非同寻常的"跳崖式"降级，向所有官员敲响警钟：腐化贪污，固然有国法严惩；失职渎职，同样受党纪约束。心存敬畏、慎独慎行，才是为官本色、仕途正道！

——昆明市委原书记由副省降为副处，江西省委原秘书长由副省降为科员。2014-07-16

昆明副市长涉嫌严重违纪违法被查。"强震"背后，暴露的是腐败的一般规律：复杂隐秘的钱权交易、盘根错结的利益输送。当失去制约的权力，遇上赤裸裸的诱惑，怎能保证清正清廉？以制度约束官员，用法治规治权力，才能避免"一坨一坨"的腐败！

——去年至今，云南平均每周一名官员倒下。2015-03-19

仇和、张田欣、高劲松。一年之内，昆明三任市委书记被查。这究竟是巧合的剧情，还是偶然中的必然？高高在上的"一把手"，何时成了"前腐后继"的高危职业？不受约束的权力，最易走向腐败。从严治党，束紧红线，让贪婪之手不敢伸、不能伸。

——别再让失去监督的诱惑，挑战人性的弱点。2015-04-10

个人案件

• 薄熙来

网罗小腐，力擒大贪，足见中国反腐决心，此是喜；腐败分子越反越多，越反越大，前腐后继波推浪涌，乃为忧。贪如火，不扑燎原；欲如水，不遏滔天。由腐而败的兴亡律提醒我们，遏制腐败，须创造条件让人民监督。

——中纪委消息，十七大以来纪检监察机关共查处66万余人，包括薄熙来等案。

2012-10-15

从风光无限到身陷囹圄，他的跌宕人生，证明一个为官道理：滥用权力，只会身败名裂；敬畏权力，才能善始善终。同时说明，改革开放不容倒退，民主法治是大势所趋。拉住权力缰绳，则法治可期；坚定改革航向，则梦想可望！停顿倒退没有出路，当断当行！

——薄熙来今天被依法提起公诉。2013-07-25

实事求是是认知事物的法则，也是司法实践的灵魂。愿庭审薄熙来案成为示范，让每一位公民在每一个司法案件中都感受到公平正义。

——公开透明是网络时代的必然，也是程序正义的前提。2013-08-24

薄熙来案的庭审，引来中外舆论的极大兴趣和关注。历时5天，15.4万字微博实录，只要不带偏见，自会作出公正评判。依法治国不是一个法律口号，它是中国一个个案件公正审理的累积，是纷纷攘攘中对法治精神的坚守。

——一切皆断于法，与贫富无关，与高低无涉。2013-08-26

"薄熙来"案件这场史无前例的公开审判，既是成功的法治实践，也是郑重的法治宣言："正义不仅要实现，而且要以看得见的方式实现"。当下中国，腐败仍然高发，反腐不能停顿，法治不能止步。唯有反腐，才能赢得民心；唯有法治，才能根除腐败。反腐当更有力！法治当更给力！

——薄熙来今天被判无期徒刑。2013-09-22

从薄熙来到丁书苗，从龚爱爱到李某某，司法公开的初步尝试，尽管不能完全平息质疑，但至少收获启示：讳莫如深，只会导致猜疑猜测；公开透明，才能带来公正公信。

——近一周，公审公判成关键词，微博直播更是"出尽风头"。2013-09-26

• 郭伯雄

两个军委副主席的相继落马，再次表明了反腐败"不定指标，上不封顶"。不管是中央、地方还是军队，反腐败没有禁区、没有特区，也不会有盲区。摒弃庸俗的"权力斗争论"、"反腐自黑论"，反腐败既是党心民心所向，也是一场价值观的较量。

——徐才厚之后，郭伯雄在"八一"前夕落马了。2015-07-30

• 蒋洁敏

这一次，从发现线索、启动调查到公布消息，纪检走到了网络前面。事情本该如此：微博反腐固然"咄咄逼人"，制度反腐才能形成持久震慑，才是反腐成败的决定性力量。今日中国，贪腐成改革发展头号敌人，反腐是赢得民心最佳选择。制度反腐，当更给力！

——国资委主任蒋洁敏涉嫌违纪被查。2013-09-01

平均十几天"下马"一位高官的速度，凸显中央有腐必惩的强硬姿态：不论什么人，不论职务多高，只要触犯党纪国法，都决不姑息！吏治清廉，民之所盼，狠打"老虎"，民之所愿。国法面前无例外，反腐到底，民心得安！

——中纪委通报，2013年，蒋洁敏、李东生等31名中管干部涉嫌违纪违法被查处。

2014-01-10

• 令计划

对令计划的查处再次表明，反腐败仍会保持高压态势，决心不减，勇气不泄，态度不变，尺度不松。党员干部当警醒：对党忠诚是最根本的政治要求，不搞两面派、不做两面人，守纪律、讲规矩，保持共产党人的政治品质和浩然正气。

——坚定不移惩治腐败，坚决清除害群之马。2015-07-21

• 刘汉

血腥黑幕令人愤慨，更发人深思：用血路开财路，为何一路绿灯？连续当选省政协常委，是谁在提供庇护？臭名昭著的黑老大，又如何成为第二组织部长？打黑务尽，更需根除黑恶势力的背后靠山。国法面前无例外，反腐除恶无禁区！

——四川黑社会头子刘汉落网，400亿富豪，竟无恶不作。2014-02-20

• 刘铁男

当"谣言""诬蔑"变成事实，倒下的不仅是贪官，政府信誉也再次受损。不禁追问：调动公权为官员个人背书，是否应反思道歉？没有制度约束，权力只会自我膨胀；脱离民主监督，公权难免为私家驱使。将权力关进制度笼子，套上法制缰绳，才有清正清廉。

——刘铁男涉嫌严重违纪被查。2013-05-12

网上再现实名举报，真相扑朔迷离，社会广泛关注。我们固然不能因为刘铁男的相似剧情，就持有罪推定的态度，而作为当事双方，也都应该在法律框架内寻求真相、维护权利。法律不能错过一个贪官，也不会容忍肆意诋毁。

——让真相跑赢猜测，用法律定争止分。2013-07-17

从刘铁男的落马，到上海招嫖法官被查处，微博举报彰显威力，也引发思考：如果没有网络曝光，这些蛀虫还要潜伏多久？如果监督渠道足够畅通，又何必如此斗智斗勇？网络只能管个案，制度才能管长远。

——将权力关进制度笼子，让权力在阳光下运行，我们别无选择！2013-08-08

昔日位居要位、意气风发，今天痛哭流涕、悔不当初。这样的场景令人唏嘘。更值得深思的，是贪官忏悔之下的警言：审批权下放到市场，从源头解决政府不该管的事。这戳中反腐治本的关键：下放权力、约束权力，少点寻租空间，多些清风正气。

——国家发改委原副主任刘铁男今天受审。2014-09-24

曾经位居高位、风光无限，如今身败名裂、倾家荡产。这是最痛的警示：法网恢恢，党纪如山，任何人任何时候都别心存侥幸！更应深思：权力失去制约，终将走向毁灭。让权力运行在阳光下，才有真的风清气正，才能少点"落泪贪官"。

——今天刘铁男一审被判无期，当庭痛哭的场景令人唏嘘。2014-12-10

• 刘志军、丁书苗

公众等待一个正义的判决，更求解一个长久困扰的难题：从小贪到大腐，预防机制何以频频失效？膨胀是权力的天性，只有关进牢笼才能驯服。锁住牢笼的，要有法律，也该有公众的监督。权力有所畏惧，才能知分寸、守正道。

——数额特别巨大，情节特别严重，刘志军今天被提起公诉。2013-04-10

法锤落下，还当追问：制造贪官的，除了个人品质，是否还有深层土壤？权力失去制约，难免自我膨胀，终将吞噬自己。治理腐败，需要高压严打，更需民主监督、依法治吏。让民主和法治说话，权力才不敢随性。

——从养路工、部长到阶下囚，刘志军的前半生是励志故事，后半生是为官警钟。

2013-07-08

这位目不识丁的女商人，从卖鸡蛋小贩，到结识刘志军进入财富巅峰，把"红顶商人"演绎到极致，最终却身陷囹圄。这说明，权力与资本结盟，只会害人害己。完善的市场经济，拒绝官商勾结；改革开放的中国，需要公平竞争。

——丁书苗今天被公诉，刘志军案重要人物揭开神秘面纱。2013-09-07

• 雷政富
从雷政富到梁道行，短短数周，多名官员落马，中央反腐决心清晰可见。叫好的同时也要警醒，决心能成就一时之效，完善制度方可长治久安。治国先治吏，治吏必从严。愿每起案件，都成为制度进步的契机。

——"只有让人民起来监督政府，政府才不敢松懈，只有人人起来负责，才不会人亡政息。"

2012-12-01

雷政富涉嫌受贿案一审宣判，被判处有期徒刑十三年。

"雷人长相、政府官员、富得流油",网民的调侃,是对贪官本人的戏谑,更蕴含对贪腐现象的厌恶。"雷氏寓言"再次证明:缺少制约,欲望就会膨胀,权力就会迷失。为权力划清边界,用监督规束官员,才能少几个"雷官",多一份清廉。

——从好官员到阶下囚,雷政富的人生,划出一道抛物线。2013-06-19

• 苏荣

曾任三省一把手,如今高居副国级。苏荣的被查发人深省:权力有任期,清廉无时限。离开原位,不等于撇清责任。再大的官职,也不是腐败保护伞。用制度规束权力,让为官者不能贪、不敢贪,贪了也跑不掉。这才是治本之策、民心所向!

——全国政协副主席苏荣涉嫌严重违纪违法被调查。2014-06-14

• 万庆良

领导干部称谓庸俗化,影射部分干部的江湖作派、个别领导的专断作风。规范称谓有必要,可群众在乎的,不仅是称呼方式,更是称呼背后的党风政风。拒绝利益帮派、远离独断专行,靠改称呼,更要靠严肃纪律,拓展监督。风清气正,才有民心所向。

——广东省纪委要求:同事不得互称兄弟,领导不得称老大。2014-05-14

昨天还意气风发指导工作,今天就雷霆万钧被拿下,这已成为反腐"新节奏"。毫无征兆的动作、又快又稳的手段,就是要斩断贪腐官员的侥幸心理,形成有效的心理震慑:伸手必被捉,出来混总是要还的,谁贪污腐败,谁就是下一个被突然带走的人!

——广州市委书记万庆良涉嫌严重违纪被查。2014-06-27

• 徐才厚

93岁的中国共产党,以不同寻常的方式为自己庆生。执政党认识到:人心向背决定生死存亡,深化改革关系前途命运。唯有反腐到底,才有民心民意;唯有革故鼎新,才有光明前景!

——今天,徐才厚等四人同时被开除党籍,户籍制度等三项改革方案同时公布。2014-06-30

因受贿数额特别巨大，他被开除党籍军籍移送起诉。从平民子弟到上将军，从高级干部到阶下囚，徐才厚的跌宕再次印证：贪如火，不扑则燎原；欲如水，不遏则滔天。同时也再次警示：从严治党、从严治军才有出路，依法治国、依法治军才是正途！

——四中全会决定公布同一天，徐才厚案侦办取得进展。2014-10-28

• 杨达才

从周久耕到杨达才，网络反腐捷报频传。叫好的同时，人们也在追问：如果不抽名烟、不戴名表，靠什么揪出这些大腐小贪？如何建立更开放的机制，开辟更畅通的途径，让人民监督从网络自发变为制度自觉，考验治国理政的智慧和勇气。

——暗箱中的权力，是腐败温床；阳光下的权力，是贪污克星。2012-09-21

灰色收入背后，有多少钱权交易？也让人担心：若没有事故现场的微笑，说不清的财产是否就不必说清？用制度规束权力，才能让网络反腐走向制度必然；让权力在监督下运行，才能让官员真正不敢贪、不能贪、不易贪。

——"表哥"杨达才接受审判，无法说明的五百余万财产，难免引起公众联想。

2013-08-30

• 周永康

空前的打虎力度，宣示反腐的坚定指向：谁都不能心存侥幸，计算不出事的概率；谁都不能蔑视法纪，存有进了保险箱的幻觉！还需深思：关住权力老虎，靠铁腕惩治，更靠法治笼子。十八届四中全会召开在即，法治中国，人心所向！

——周永康被立案审查，改革开放以来首位前政治局常委落马。2014-07-30

从周永康落马见证反腐风暴，到简政放权激发改革活力，再到北京 APEC 描绘开放前景，治国理政新思路释放巨大能量。保持良好势头，需要上下同心、力闯险滩的勇气，需要执政党记取习近平的告诫：唯改革创新者胜！加油，改革者；祝福，中国梦！

——今天，11 月 15 日，新一届中央领导集体履新满两年。2014-11-15

周永康等多名前高官已移交司法，令计划、苏荣等案正立案审查。来自中纪委的通报，重申反腐高压的决心。一辈子追逐利禄功名，到头来作茧自缚。他们的沉浮跌宕是警示钟：守住做人的本分，筑牢为官的底线。手莫伸，伸手必被捉！

——一个个"响当当"的名字，都曾经权倾一时，如今却身陷囹圄。2015-01-08

周永康的宣判说明，党纪面前没有特殊党员，国法面前没有特殊公民，无论权力大小、职务高低，没人能当"铁帽子王"。同时也警示：只有筑牢制度笼子，用法纪严加约束，权力才不会放纵恣肆。

——受贿罪、滥用职权罪、故意泄露国家秘密罪，三罪并罚，周永康今天被判处无期徒刑。

2015-06-11

• 国家能源司司长

消息尚待权威证实，却足以让人触目惊心：现金之外，还有多少资产？副司长之外，还有多少贪官？高频的反腐新闻，显示中央力度与决心，也一次次提醒人们：反腐肃贪任重道远。以铁腕打击，换治本时间，莫让贪腐坏了基业、毁了民心！

——媒体曝光，国家能源局一名副司长被查，家中发现上亿现金。2014-05-15

"创纪录"的数字令人咋舌，也刷新公众对于腐败的认知：官员何等贪婪无度？权力何等肆无忌惮？这再次提醒：整肃吏治，情势严峻、任重道远！依法治国，首先是依法限权。"将权力关进笼子"，法制持续发威，别再让官员"创纪录"！

——反贪局证实：能源局煤炭司原副司长家搜出2亿现金。2014-10-31

• 其他地方官员及十八大后官员

内蒙古王素毅，广西李达球，一日之间，两名副省级官员被双开。这警示：用权须秉承敬畏之心、常怀戒惧之意。今日中国，腐败是全民"公敌"，反腐是没有退路的战斗。打赢这场硬仗，需速战速决，也需从长计议。用制度将权力关进笼子，靠监督让权力在阳光下运行，方有清正清廉、长治久安。

——腐败是全民"公敌"。2013-09-04

从陈柏槐到郭有明再到许杰，近期几位副部级官员相继落马，令人嗟叹也发人深省。飞得越高，跌得越惨，这背后蕴藏着怎样的权力规律？腐败易发多发，又暴露出怎样的制度漏洞？打掉"老虎"，表明反腐决心；约束权力，才有清正清廉！

> ——一边是意气风发身居高位，一边是肆无忌惮腐败堕落。2013-11-28

湖南政协副主席被调查，四川雅安常务副市长被调查，广州市原副市长被调查，甘肃酒泉原政协副主席被开除党籍。反腐肃贪当利剑高悬，更应注重对权力的监督和约束。制度到位，权力归位，才有廉洁政府、清白官员！

> ——连续三天，又有四位官员相继落马，凸显十八大后反腐败高压态势。2013-12-19

所谓兵腐腐一个，将腐腐一窝，主要领导腐败危害极大，绝不应成监督死角、法外之地。绝对的权力，导致绝对的腐败。牵牢一把手牛鼻子，须将权力关进制度之笼。监督到位、制约给力，方有干部清正、政府清廉、政治清明。

> ——中纪委数据显示，受处分县处级以上干部中，三分之一是"一把手"。2013-12-23

郑州官员遭处分三月后调任一把手，媒体曝光后又遭免职。戏剧化反转背后，有"躲躲风声再复出"的侥幸，更有视党纪国法为儿戏的放肆。无论是官员个人还是地方党委，都应引以为戒：转变作风，绝非一阵季风；官员问责，不是带薪休假！

> ——权力回归本位，约束成为常态，才有清正清廉！ 2014-01-18

人们发现，十八大以来的铁腕反腐，丝毫没有松动架势，螺丝扣在越拧越紧。遏制腐败，需要重拳高压，更需加强监督，以刚性制度约束，让出轨权力回归正途。

> —— 青海西宁市委书记被调查，河南驻马店市委书记被调查，一天内，又有两名地方党委
> 一把手落马。
> 　　　　　　　　　　　　　　　　　　　　　　　　　　2014-04-25

官员忏悔

也曾经朴实无华、勤勤恳恳，为何一朝身居高位，竟然变身国家蛀虫？再悲情的自责，也改变不了违法乱纪的事实。唯以强有力的制度，规训官员手中的权力，才能守住初心、锁住贪欲！

> ——媒体梳理53名落马官员忏悔录，14人以"我是农民的儿子"开头。2014-12-21

安徽原副省长倪发科法庭最后陈述曝光：对罪行的忏悔，对亲人的留恋，读来字字痛心，也让人感慨："早知今日，何必当初？"前半生志得意满，后半生锒铛入狱，倪的跌宕是沉痛教训：当脱缰的权力遇上放纵的欲望，毁灭就在不远！

——巨腐之成，始于小贪。殷鉴不远，切莫重蹈覆辙！2015-03-14

江西省人大原副主任陈安众当庭真诚忏悔，在公诉人举证的25起受贿事实面前，也显得无比苍白。贪官落泪，陈安众并非第一个，也不会是最后一个。这令人唏嘘：为何非到了穷途末路，才懂得珍惜与敬畏？为官者当鉴：自我放纵，终将毁灭；守住清白，才能心安。

——江西省人大原副主任陈安众受审，当庭抽泣令人动容。2015-04-02

国家法制建设

• 国家事件

激昂的呐喊，严正的抗议，传递寸土片石、在所必争的中国意志。然而，当爱国成了暴戾的通行证，当复杂诉求搅浑民族义愤，国人也当警醒：保钓就是保钓，爱国就是爱国，无需理由也不容绑架。同胞们，请回到正义的原点，呵护爱国的纯粹。

——文明中国、法治中国，这才是中华民族最大的底气。2012-09-15

苹果、大众、奔驰、宝马……这几天，众多国际大牌纷纷"沦陷"。震惊之余不禁追问：这是对中国消费者的故意歧视，还是"橘生淮北则为枳"的环境使然？维护权益，不能只靠"媒治"。媒体只能痛快一时，完善的法律、强力的监管才能管长远。

——诚信与尊严，站立在法治基石之上。2013-03-19

"宁可错放，不可错判"。然而，错判固然有悖法理，错放同样失职失责。法律面前，生命拥有平等的权利。不冤枉一个好人，不放过一个坏人，这是天理公道。以法治中国的名义，让每个案件体现公平正义，为每个蒙受冤屈的人昭雪沉冤。我们共同期待！

——以无罪推定代替有罪推断，这是一种进步。2013-05-06

"法不阿贵，绳不挠曲。法之所加，智者弗能辞，勇者弗敢争。刑过不避大臣，赏善不遗匹夫。"

——《韩非子·有度》这段话，一起见证、共同期许一个磊磊落落的法治中国！2013-08-22

证据不足时"口供至上"，为行政过度干预司法打通关节；有罪推定下刑讯逼供，又让多少人屈打成招？不得非法取证，才能杜绝冤案；坚持疑罪从无，方显司法公正。这是司法向正义的回归，更标注司法改革的指向：让人们在每个案件中看到公平正义！

——最高法出台意见，要求排除刑讯逼供。2013-11-21

决不允许侵犯群众权益、决不允许造成冤假错案，中央政法工作会议传递的信息，标注司法改革方向。公平正义是政法生命线，那就以个案累积正义信念；司法机关是公平正义最后防线，那就让正义之剑真正守卫正义。

——法律成为公众信仰，告别生命博弈的蛮荒与惨烈，才能筑起法治中国坚实的阶梯。

2014-01-08

实名举报再现网络。尽管这种方式值得商榷，但事情既已发生，与其封堵删帖，倒不如坦然面对、依法查处。举报人真假善恶，被举报人是非清浊，只有事实和法律能给出答案。

——封堵只会带来猜疑，公开才能赢得互信。2014-04-15

"坚持依法治国首先要坚持依宪治国""凡属重大改革都要于法有据""任何人都没有法律之外的绝对权力"。值此之时，重温总书记的论述，也重温国人对于依法治国的梦想：将权力关进制度笼子，将对法律的信仰，铭刻在每个人心上。法治中国，铿锵前行。

——今天，十八届四中全会开幕。2014-10-20

强调依法治国首先是依宪治国，是在重申宪法最高权威；建立干预司法的记录制度，是要杜绝特权扭曲正义。这传递出"权在法下"的理念，也触及法治的根本：限制政府权力，并保护公民权利。共努力，打造一个法治中国：让权力不再傲慢，权利得到捍卫！

——四中全会发布公报，助力法治中国。2014-10-23

5000 余字的四中全会公报，被媒体逐句解读。法治中国，是历史选择也是人心所向。让权力受到规束，让权利得以彰显，这将是给人民的最大福利。顶层设计蓝图绘就，更须踏石留印、抓铁有痕。愿法律成为治国基石，更成为一个民族的信仰。

——舆论热议，折射民众对法治的向往、对改革的期盼。2014-10-25

辽宁和吉林一些粮库以陈粮顶新粮，恶意套取价差补贴，刺痛公众神经。国有粮库"硕鼠"难除，损害国有资产和公共利益不说，更让国家粮食安全充满隐患。在严肃查处涉事人员之外，还应深究廉政责任，补牢机制漏洞，坚决破除监守自盗、库商勾结的潜规则。

——监管硬气，"粮心"才能无恙。2015-04-19

中国或将赦免四类罪犯。若能实现，这将是 1980 年宪法上特赦制度的首次落地，必将彰显宪法尊严与人文关怀。贪腐不赦、严重暴力犯罪不赦，又可重申我们对这类行为的零容忍。而这一切目标的达成，依赖于严格依法行事，让该享特赦的人一个不少，不该获赦的人一个不多。

——在抗战胜利 70 周年之际，中国或将赦免四类罪犯。2015-08-24

死刑是一个人能够受到的最高刑罚，慎用死刑，既是保障人权，又是尊重生命。减少死刑是世界性趋势，不必担心死刑少了，社会就乱了，需要关心的是让法网更疏而不漏，让量刑更恰如其分。毕竟，相对空有严苛法律的社会，违法必究的社会更加安全。

——刑法新修正案取消了九种罪名的死刑。2015-08-30

民众法律案件

拖欠 6 年后，13 名无辜的孩子，为他们打工的父母讨回部分工资——今天，这一消息带来的是心酸和沉重。正当的维权，不应该总是以舆论为筹码，更不应该以童真为"人质"。与其这样，不如呼唤责任和良知的回归，冀望法律和制度的完善。

——让公平正义"站"着说理，权利尊严"立"着说话。2012-08-18

从有罪到无罪，张氏叔侄走了整整十年。沉冤得雪，可冤案缘何发生，仍期待负责的结论。让公民在每一个司法案件中感受到公平正义，这是沉甸甸的政治承诺。愿以此为警示，让法治平等庇佑每个人。正义，或许曾经迟到，但永远不能缺席。

——十年中，他们以拒绝减刑这种决绝方式，为己鸣冤。2013-04-08

何为临时工？全国共有多少临时工？既然聘用，就须签合同，就是正式工，就要承担相应的义务与责任。"临时"每每成为托词的背后，是一些地方政府的敷衍塞责，更是一些部门公然违法的明证和示范。法治中国，请自政府依法行政始。

——一位大学生的信息公开申请，引发人们的深层思考。2013-06-09

冒充高官、伪造背景，神秘组织"中调委"被证实纯属忽悠。"伪官"频现，应当反思：并不高明的骗术何以得逞？让权力运行脱离神秘，让官员职责回归本位。整治"伪权力"，须从规范"真权力"始。

——假权力大行其道的背后，是真权力缺少制约的现实，是官本位长盛不衰的土壤。

2013-07-04

河南林州重摔女婴的警察被刑拘，相比于婴儿的无妄之灾，正义的降临可谓姗姗来迟。尽管当地信誓旦旦决不姑息，但在媒体曝光之前，为何对知法犯法的民警听之任之？应警醒：对恶的沉默，就是对善的践踏；对罪犯的包庇，就是对司法的蹂躏。

——媒体曝光无法制造普遍正义，秉公执法才有公道公平！2013-08-18

"天为什么一直是黑的？"双眼被挖男童，尚不知自己的伤情，这样询问亲人。愿凶手早日归案，抚慰孩子受伤的身心；愿更多的人伸出援手，修复童年里的恐惧和创伤。孩子，你的视界遭遇了残酷的黑暗，但愿你的世界因爱而迎来阳光。

——一句问话，令人心碎；字字伤痛，谁不泪奔？ 2013-08-28

河北一位农民在深圳农行 780 万被他人取走，嫌疑人被抓，警察却让私了。是谁赋予了警察安排"私了"的权力？立案与撤案又应遵从怎样的程序？公平与正义是否遭到了金钱的腐蚀？人民不可欺，真相终可见。阻碍正义者，必将接受正义的审判。

——嫌疑人反悔不还钱，警方却已然撤案。2015-06-14

自拍、分享看似个人自由，但网络也不是法外之地。保护好自己的隐私，是本分；不侵害别人的隐私，是底线。也提醒各位看客：真正可怕的暴力，不仅在于粗鄙的施暴，更在于围观时的加油助威。狂欢一旦失去底线，被踩踏的可能是每个人。

——因上传不雅视频，"试衣门"事件当事人被刑拘。2015-07-20

母亲向交警下跪为儿子求情，交警回跪劝解。对执法下跪，本质上是对法律下跪，暴露的是情大于法的惯性思维。传统社会的人情和怜悯，早已无力应对现代社会的运行需要。人人膝下有黄金，在法律面前直起膝盖，法律才能回馈你公平对待。

——母亲跪出的是对法律的无知，警察跪出的是对执法的无奈。2015-08-28

没有收买就没有拐卖，加重收买责任才能从源头上遏制人道惨剧。而关心千千万万被拐卖者命运的人，还应清醒于背后偏远乡村的落后与愚昧。用法律照亮失踪人口的回家之路，给收买者以震慑，给受害者以护佑。天下无拐，一起努力。

——收买被拐妇女儿童一律入刑，今天通过的刑法修正案大慰人心。2015-08-29

"急性短暂性精神障碍"。南京宝马肇事案司法鉴定既已公布，舆论质疑却尚未平息。专业鉴定，又是官方通报，为何公众仍在追问？回顾本案，固然有标签化的猜疑猜测，但从起初遮遮掩掩到后来被舆论倒逼，原本脆弱的公信力步步消解。透明是最好的公关，专业是最强的信用，这些教训值得记取。

——南京宝马肇事案司法鉴定宝马司机为"急性短暂性精神障碍"症。2015-09-07

公众关注案件及地区法律案件

• 呼格吉勒图

事隔 18 年，轰动一时的呼格吉勒图杀人案或将重审。18 年，这团迷雾伤害的，又何止一个悲剧的家庭？每次失误的判决，都可能损害法治信仰的基石。"让人民群众在每一个司法案件中感受到公平正义"，这是庄严承诺，也是依法治国的要义。呼氏清白与否，终由法律做出，公平正义绝不应永远缺席！

——轰动一时的呼格吉勒图杀人案或将重审。2014-10-30

等待 9 年，内蒙古高院宣布呼格案进入再审程序。明明证据不清，为何仅用 62 天就执行死刑？9 年申诉方有回音，是否有力量在干预司法？一个案件，可以成为涵养司法信仰的基石，也可以成为压垮公信的稻草。重审不能挽回生命，希望能够挽救迟到的正义！

——别让法治信仰，为个别极端案例埋单。2014-11-20

仓促处决 18 年后，呼格吉勒图案明日公布再审判决。让每个人在每个司法案件中感受公平正义，这是政治承诺，更应成为司法的至高伦理。个案重审见证中国法治的艰难前行，也发出警示：唯有彰显法的意志，才能护佑人的尊严。

——无论结果如何，人们都期待一个公正的裁定。2014-12-14

呼格吉勒图父母脸上奔涌的泪水，见证中国法治的踯躅前行，然而，远逝的年轻生命再也无法挽回。人们理应追问：是什么原因催生了悲剧，又是怎样的力量，遮蔽了真相？洗冤不是终点，追责理应继续。别让不公的判决，再伤害人们对法治的信仰！

——今天，内蒙古，一个青年的18年沉冤终得昭雪。2014-12-15

呼格吉勒图案专案组长涉嫌职务犯罪被调查，身后留下沉重的追问：定案只用 62 天，草率枪决如何炮制？严肃追责，并非简单的"以怨报冤"，更应借机反思冤案的土壤：从佘祥林、赵作海到呼格吉勒图，纠错不能总靠机缘，以程序规范权力，别再让悲剧一再上演！

——洗冤用了 18 年，艰难平反谁在阻挠？ 2014-12-18

最高法院院长谈呼格吉勒图等错案，称"十分痛心""深感自责"。这种痛感，虽无法挽回逝去的生命，却足以敲响法治的警钟：司法，是社会正义的最后防线。司法不公，每个人都可能成为下一个受害者。用程序正义，维护实质正义；用个案公平，呵护法治信仰。

——有司法公正，才有法治中国！ 2015-03-12

• 黄海波

成为"果然"，只要一部热播剧；"余味"无穷，尚需一生好品行。

——演员黄海波在北京一酒店嫖娼被警方现场抓获。2014-05-16

从黄海波嫖娼被拘，到宁财神吸毒事发，名人丑闻接二连三，令公众大跌眼镜。再光鲜的形象，再傲人的才华，都抵不过一朝失足、身败名裂。须谨记：影响越大，责任越大。法律面前无特权，名人尤需自律自爱、行端坐正。

——台上台下，人生如戏，别让名利冲昏了头脑，迷失了方向。2014-06-26

• 李代沫

涉嫌吸毒，曾经舞台上的"好声音"李代沫今日被抓。提醒公众人物、明星偶像：让评委一时转身，只要一把好声音；让粉丝一直追随，需要一世好品行。

——一夜成名，风光无限；一步踏错，身败名裂。2014-03-18

• 李怀亮

羁押 12 年，到无罪释放，再到获得国家赔偿 98 万元，这是河南"死刑保证书案"当事人李怀亮的经历。法律最终给出答复，只是人生又有几个 12 年，能在囹圄中蹉跎？用个案累积法治信仰，以公正筑起法治中国台阶，这是司法改革的方向，更是法律给予的庄严承诺。

——正义或许迟到，但永远不能缺席。2013-12-17

• 李天一

从"嫌疑人有背景"到"轮流发生性关系",猜疑从未停息。近乎执拗的推定,固有无端与轻率,也应反思:拼爹肯定有效、法律注定让步,何以成心理定式?每起不公的判决,都透支司法公信。请以每次公平审理,累积法治信仰:法律只会服从正义,不会向权贵低头。

——法院受理李天一等涉嫌轮奸案。2013-07-09

• 秦火火

网络推手"秦火火"被刑拘,一系列网络谣言真面目由此揭开。少些冲动与盲从,多些客观与冷静,热情才不会被利用,正义才不会被亵渎。网络需要正能量,也呼唤"静能量",诚实做人、认真做事、负责说话,为社会、为自己。共勉!

——谣言止于法律规束,止于公开透明,也止于每个人的理性。2013-08-21

"秦火火"今日受审,最后陈述不忘"感谢微博"。140字,让表达更通畅、权力更透明,却也带来鱼龙混杂、谣诼流布。懂得感谢,就应懂得珍惜:140字太短,言说易,尽责难。公共平台来之不易,理性发声,恪守底线,这是法治要求,更是公民责任。

——上线近五年,微博改变中国。2014-04-11

• 孙杨

因无证驾驶,游泳名将孙杨被行政拘留7日。他的道歉,尽管言辞恳切,但归咎于训练太忙,显然不够坦诚,没有时间学习法律,怎会有闲暇代言广告?身为明星,正因为家喻户晓、拥趸无数,才更当自警:明星首先是公民,理应遵从公序良俗,遵守法律底线。

——人生路漫漫,先学"交规"再开车! 2013-11-04

• 唐慧

今天,湖南省政法委成立调查组赴永州调查,唐慧案等待一个公正的结果。广泛而持续的关注,证明这样一个事实——今日之中国,一种"正能量"在旺盛生长,那就是对法治的捍卫、对真相的护卫、对正义的守卫。这,正是我们改进的力量所在。

——对法治的捍卫是我们前进的力量。2012-08-06

今天的头条新闻，不是中国奥运金牌的增加，而是湖南"上访妈妈"回家。唐妈妈回家了，却把拷问留下：罪与罚、宽与恕，能否只需遵从事实和法律的逻辑，无需对立冲突、苦苦缠斗，也不用舆论裹挟、众声喧哗？

——让法治成为信仰，用程序塑造正义。2012-08-10

经历暴雨中的"双闪之爱"，我们感受到"路人"的道德热量；推动"唐慧回家"，我们体会到"努力就会前行"。而上海再现老人倒地无人扶提醒我们：中国向上走，需要更多人来做现实的行动者、良善的呵护者，而不只是道德的批判者、正义的围观者。

——国家有尊严，公民才有尊严，反之亦然。2012-08-11

关注唐慧，不仅是关注一位母亲的命运，更蕴含对改革劳教制度的期待、对公平正义的呼唤。请以事实为依据、以法律为准绳，用每一个判例，筑起法治中国的台阶；用每一点光亮，呵护公众对法律的信仰。愿"上访妈妈"不再哭泣。

——"上访妈妈"诉永州劳教委案再审，人们期待一个公正的判决。2013-07-02

湖南一名死刑犯的临刑际遇引发关注：未见家人，没有通知，如此行刑是否有违法理人道？面对质疑，仓促应对，又如何让公众口服心服？实事求是才能维护公信，敷衍塞责只会越描越黑。司法机关，请拿出直面问题的勇气。

——每一次裁决，都可能成为司法进步的台阶，也可能让公平正义远离！2013-07-13

• 王林

"大师"王林的发迹令人深思：官运亨通、财运永驻、容颜不老，正是这虚妄的欲念，催生了千奇百怪的养生术，层出不穷的厚黑学。怪力乱神大行其道，警示这个时代：物欲横流，只会使精神迷失；行端坐直，才能求得心灵宁静。

——江湖骗术颠倒众生，权贵名流趋之若鹜。2013-07-24

一些干部，满嘴马列主义，一肚子怪力乱神，无非借迷信保佑升官发财。这固然折射出精神空虚、信仰虚无，但更应反思：如果心中没鬼，何必求神弄鬼？如果行端坐正，何用占卜算命？刘志军信"大师"，结果又如何？心底无私天地宽，当思当戒！

——王林火了，一介江湖术士竟让众多官员竞折腰。2013-07-30

"大师"王林终于倒下。这是一场长达两年的拉锯战，舆论几乎要淡忘之时，司法为受害者和公众带来了迟来的交代。案件仍在审查，但足以警示所有人：阳光之下，没有任何"朋友圈"能只手遮天，更没有任何骗局可以永远逍遥法外。

——每个年代都需要大师，却不需要敛财施暴之辈横行于人们的心灵。2015-07-16

• 夏俊峰

经最高法核准，夏俊峰今天被执行死刑。暴力应当谴责，问题也要反思：难道摊贩与城管，注定只剩不可调和的冲突？难道谋生的摊位，注定不能融入城市的秩序？执刑的枪声是个案的结束，却应是改革的开始：城市管理，该调整思路和模式了！

——3条生命的悲剧，3个家庭的悲哀，这是没有赢家的结局。2013-09-25

错用夏俊峰照片、炒作其子涉嫌抄袭的绘画，夏案牵出的传播伦理和行为值得反思。纵使同情弱者，也不能突破真实这条底线；为博取关注，亦不应以消费公众情感为代价。虚假煽情，损害传播者自身的公信，不仅无助于还原真相、匡扶正义，更会误导社会。

——真实，才最有力量。2013-10-09

• 薛蛮子

网络名人薛蛮子涉嫌嫖娼被拘留，网上惊愕哗然。有猜疑猜测，但事实就摆在那里。网络时代，无论政府官员还是社会名人，都要说老实话、办老实事、做老实人。

——"你站在桥上看风景，看风景的人在楼上看你。"2013-08-25

• 禹晋永

涉嫌合同诈骗，禹晋永近日被捕。其名下众多兼职教授头衔让人追问：他到底有什么魅力，忽悠了这么多知名大学？这些大学兼职教授名册中，有几个名人、富人和"官人"实至名归？转型社会，大学之大在于知识的赓续与创造，在于象牙塔中挺起的精神脊梁。

——学场不同于市场，风骨远胜于媚骨。2012-08-25

• 赵登用

90 个日夜，赵登用等来屈冤得雪，终可安息。从云南到湖南，从巧家到永州，两起事件均在依法向好逆转，其中的关键词"逢冤当申、有错即纠、司法公正、政府公信"，也提醒我们，在向现代中国艰难转型的历程中，执政者仍是最重要的自变量。

——为则得道义，赜则远民心，能不慎乎？ 2012-08-08

• 周克华

周克华今晨被击毙。这是一个早已注定的结局。缉捕过程中，警方收到市民提供的线索达 700 多条。这 700 多条线索再次说明一个朴素的道理：民力、民智、民心是最可宝贵的执政资源。执政兴国，警钟长鸣！

——民智不可弃，民心不可失，民意不可违。2012-08-14

重庆警方辟谣，长沙警方澄清。然而，对周克华死讯的质疑仍未平息。这到底是公民意识的觉醒，还是怀疑一切的执拗？难道猜疑猜测，真的成了多元时代的隔离墙，从此再无公信可言？共努力，塑造一个光明磊落的中国。

——修复信任，需要公权力更加公开透明，也需要抱定诚信、互信的集体信念。2012-08-21

• 周秀云

太原周秀云"非正常死亡"死因查明，涉案民警涉嫌故意伤害。然而，更多证据表明，这起因口角而生的悲剧，原本可以避免。生活没有假设，血的教训值得记取：公民学会遵纪守法，公权懂得文明执法，这应是共同的课程。死者已逝，生者当思！

——无论什么原因、何种身份，暴力终将受到法律的严惩。2015-01-30

• 张艺谋

张艺谋夫妇收到超生罚单，共计 748 万余元。尽管仍有人质疑调查情况，但是从开始敷衍舆论，到最终寄出罚单，这已足以警醒：法律面前没有特殊公民，财富不是获得特权的理由，名声更不是超越法律的借口。名人违法，与庶民同罪。

——法平如水，才能树立法律权威，进而实现公平正义！ 2014-01-09

• 山东东平女生

山东东平初中女生疑遭性侵，警方称女方自愿不能认定。媒体追问接二连三：为何笔录中唯独没有受害者描述？当地是否曾有意修改口供？传言中的"打了招呼"是否属实？期待拿出更多证据，以回应质疑。空口白牙，怎能平抚民心民意；真相迟到，又怎能匡扶正义与公道？！

——媒体追问山东东平初中女生疑遭性侵案。2014-07-11

山东东平女生疑遭性侵案，一天之内两条新闻：女生母亲喝药自杀，两嫌犯涉嫌强奸被刑拘。情节起起落落令人唏嘘。案情尚未明朗，吁请当地排除干扰、公开透明、依法断案。强奸成立则立案严惩，证据不足须及时披露。莫让不公的个案，消磨法律的公信。

——正义的实现，不应基于悲情的自残。2014-07-14

扫黄

• 上海法官嫖娼

涉嫌夜总会"集体娱乐"，上海4名法官被停职调查。法官是法律和正义的守护者，法官摒弃操守，法律尊严何存？彻查真相、严惩不贷，司法公信或可亡羊补牢；律己以严、洁身自好，官员公信才能逐步修复。让我们拭目以待！

——法官违法乱纪，司法公正安在？2013-08-04

网上披露4天后，上海公布法官涉嫖事件处理结果。迅速查清、严肃惩处的同时，也应反思：若非视频曝光，法袍下的丑陋会掩盖多久？干部队伍中，还有多少人沉湎于灯红酒绿？匡正风气，靠党纪国法、民主监督。

——让官员在监督环境下工作，在法制轨道上用权，方有清正清廉。2013-08-06

• 东莞卖淫

媒体曝光，东莞警方紧急扫黄。执法缺位，何以后知后觉？默许纵容的背后，有怎样的蝇营狗苟、利益考量？更应深思：地下性交易，何时这般登堂入室？笑贫不笑娼，何以如此理直气壮？该反思的，绝不是一个东莞，而是整个社会！

——"雷厉风行"也难逃追问：冰冻三尺，非一日之寒。2014-02-10

一日之间，东莞警方 7 名官员被免，10 名民警受处分，彰显猛药去疴、重典治乱的"扫黄"决心。护佑一方平安，乃"人民卫士"本分。利益勾连，践踏正义底线；失职渎职，有负公众期许。从严治吏，根除土壤，雷霆万钧过后，更要细水长流。

——色情服务明目张胆之时，警察去哪儿了？ 2014-02-15

数日之间，千余淫窝被端，百余涉黄者被抓。叫好的同时也有疑问：运动式执法能否根除痼疾？又能持续多久？色情泛滥的背后，是黄色产业的利益链条；繁荣"娼盛"的表象，难掩风气迷失、权力纵容。以治标之措，换治本之机，铲除后台，根除土壤，尚需久久为功！

——多省掀扫黄风暴。2014-02-17

时事

阅兵

在抗战胜利日前夕，习近平向 30 名党派、国别不尽相同的抗战功勋或其遗属颁发纪念章。他们不仅共同击溃了侵略者，还为人类的携手合作树立了新的标杆。他们曾为我们的今天奉献一生，就让我们为了他们的荣耀守护一世。

——反法西斯是无国界的行动，争取自由和独立是全人类的事业。2015-09-02

人们为老兵的登场流泪，为高清震撼的精良装备欢呼，为 30 万裁军的举措点赞，为兵哥哥兵姐姐们的英姿折服。阅出来的不是戾气，而是安心，更是全民参与的嘉年华。因为这支军队早已用自己的行动证明，他们的宗旨正如同那句响亮的应答：为人民服务！

——阅兵是国之大事，也成了民之乐事。2015-09-03

2015 年 9 月 3 日，世界反法西斯战争胜利 70 周年阅兵：抗战老兵方队。

2015 年 9 月 3 日，北京，胜利日阅兵共安排 11 个徒步方队，编为 1 个护旗方队、3 个端枪方队、7 个挂枪方队。其中，护旗方队由三军仪仗队 207 人组成，3 个端枪方队和 7 个挂枪方队分别由 10 个英模部队方队各 359 人组成。

中美关系

今天，第二批 68 具在韩志愿军烈士遗骸安葬沈阳，历经 60 余年漂泊，忠魂终归故土。或许，我们无法一一叫出他们的名字，但我们知道，他们也曾拥有年轻而鲜活的面孔。再一次，向他们致敬：老兵安息，英雄不死！

——战争的硝烟已经消散，然而，为这片土地牺牲的每一个生命，都值得铭记。2015-03-21

多少帝国折戟沉沙，多少土地生灵涂炭。过往的悲剧催促着中美两国去破解大国交往的千古难题。习近平主席给出了他的答案，他在访美期间说，中美友好，根基在民众，希望在青年。当了解与信任在青年人中成为常识的时候，未来的冲突就成了不可承受之重。

——人类的文明史，也是大国的纷争史。2015-09-23

从庄园会晤到瀛台夜话再到秋夜漫步，新兴大国（中国）与老牌大国（美国）的领袖交流，竟如此闲庭信步，这本身就是在开创历史。这种轻松与自信，来自于他们身后两个经济体的长远利益，来自于两国人民共同的交流渴望。

——世界上的博弈不止一种，两个大国的共存也有多种可能，换一种合作的姿态，何乐而不为？

2015-09-25

钓鱼岛

今天，保钓勇士重获自由，但东海不会自此平静。穿越百年沉浮的时间线，刻录着"蓝色圈地"的刀光剑影。而今，从东海到南海，咄咄逼人之势警示我们：正义之声，恐难"打动"觊觎之心。

——浪涛上的大国博弈，需要寸土必争的决心和勇气，需要披坚执锐的雄心和实力。2012-08-17

清晰的领海基线，勾勒出中国捍卫钓鱼岛主权的严正立场和坚定决心。历经百余年坎坷，中国懂得和平之珍贵，也深知改革发展局面来之不易。然而，没有道义互相，何谈礼尚往来；没有主权尊严，哪有和平发展？念东海碧波，故土孤悬，今夜难安！

——吾国虽大，寸土不让；犯我疆域，其远必诛！ 2012-09-10

中国奉行与邻为善，但容忍克制不等于任人宰割，爱好和平不等于软弱可欺。面对外敌侵略，中华民族向来具有血战到底的气概。千年邻邦，百载恩怨，我们承受了太多伤痛和屈辱。今日中国，早已不再积贫积弱，怎忍旧怨未了、新仇又生？日本何安！

——一意孤行，日本悍然"购岛"，钓鱼岛危机一触即发。2012-09-11

面对中国严正抗议，日本竟搬出日美协议作挡箭牌。难道私相授受，就是"自由世界"的自由法则？难道盗窃行径，就是"文明国家"的国际道义？中国珍惜和平，但和平不是躲来的。领土主权，不局限于口诛笔伐；民族尊严，不受限于韬光养晦。

——政治、经济、军事，打几个组合拳，奉陪到底！2012-09-12

划海基线，派海监船，面对反制，日本东京都知事称"中国疯了"。石原先生，你罔顾历史！百年坎坷，中国人的家国情怀已深入骨髓。激愤之下，同胞们也要相互提醒：砸车打人或可逞一时之快，却会使爱国心受到歪曲玷污。团结奋斗，保钓到底！

——今日中国，强大的不仅是国力，更应是民族心。2012-09-14

安全事故

马航370

马航MH370搜寻过了22天。急切焦灼，人同此心，可我们也应知道：在恶浪滔天的"西风带"搜寻，要付出怎么的艰辛？克制不代表不坚持，冷静也是一种力量。为生命，为真相，请少一些相互指责，多一些众志成城。向所有努力致敬！

——不断发现的疑似碎片，不断修正的疑似海域，让等待一次次落空。2014-03-29

马航MH370失踪将近一个月，搜寻进入非常困难时期。此时，正是考验意志和定力的时候。请以持续努力昭示坚定姿态，以冷静理性克服情绪宣泄，以同心合力代替相互指责。为了生命和真相，不松懈，不放弃。这是能做的，也是该做的。

——有人开始烦躁厌倦，有人开始转移关注。2014-04-03

今天，"海巡01"在南印度洋发现疑似脉冲信号。明天，MH370失联第30天，每一秒时间都不容浪费，每一点希望都不应放弃。搜寻仍在继续，愿真相早日水落石出，以告慰239个生命。

——这究竟是通往真相的线索，还是又一次希望的破灭？ 2014-04-05

失踪整整一个月了，MH370仍然杳无音讯。期待、失望，焦急、无奈，情绪可以一时失控，却无法更改我们的方向：时间再长，路途再远，一定要找到！为生命，为真相！

——线索一次次中断，希望一次次破灭。2014-04-07

MH370还未找到，一场空难又夺去239个无辜生命。飞机为何坠落，谜团待解。然而，无论是谁，无论持何信仰，都不是屠戮平民的理由。任何国家的私利，任何势力的诉求，都无法超越生命的重量。

——彻查原因，还世界一个真相，给生命一个交代！ 2014-07-18

生命的离去总该有个原委，飞机的下落不该是永久的谜题。今夜，为逝去的生命默哀！ MH370，我们不会放弃！

——239个生命，327个日夜的等待，传来的却是罹难确认的消息。2015-01-29

但愿多年以后，马航MH370的事故不会加入到地摊文学阴谋论的行列中，而应享有铁证如山的调查结果。在大海和天空面前人类终归渺小，或许直到最后，也不是所有细节都能够被完美还原，但我们有责任让远行的灵魂获得尊重和怀念。

——马航MH370部分残骸的现身再次揪住了我们的心，而真相依旧在等待揭开。

2015-08-06

上海踩踏

发生在上海踩踏事故的这起悲剧，给这个元旦蒙上厚重的阴霾。每条逝去的生命背后，都曾是一个温暖多彩的人生。尽快查明事故原因，公布死者名单，这，是对生命最后的尊重。今夜，让我们再次燃起蜡烛，愿逝者安息，生者坚强！

——36个鲜活的生命，带着对未来的憧憬，猝然止于2014年的最后一刻。2015-01-01

上海公布踩踏事故遇难者名单。生命没有假设，反思却不应停止。愿悲剧换来真正的机制完善，进而固化为制度，稳稳地呵护每一个生命。这，才是对遇难者最好的告慰。逝者安息！

> ——当一个个具体的姓名取代冰冷的数字，这是在还逝者最后的尊严。2015-01-02

永难挽回的，是36条曾经鲜活的生命。这是最痛的警示：安全最大，须臾不能放松；人命关天，毫厘不容有失。被追责官员违反的，又岂止是"大吃大喝"？免职不是目的，反思理应继续：以完善机制守护公众安全，才是对遇难者最好的告慰。逝者安息！

> ——上海踩踏事件调查结果公布，11名官员被问责。2015-01-21

长江游轮

一天了，仍有437人生死未卜。我们质疑原因、追问真相，可此刻，没有什么比搜救更重要。救人，救人，每一秒都是生机！长夜漫漫，黑暗中的生命，请坚持住，救援正争分夺秒，一个都不会放弃。今夜，我们一起，为生命祈福，愿逝者安息！

> ——长江之上，一条客轮，一船生命，一瞬倾覆。2015-06-02

长江游轮事件如已过去两天两夜，当船体被切开，多想听到一声嗔怪："你们怎么才来？"江流中守望平安，我们在一起。加油，生命！

> ——长江之上，一艘客轮，400余人。2015-06-03

他们的名字，不应只是墓碑上风蚀的代号，更应成为记忆中永恒的警示。长江沉船"头七"夜，再次向遇难者致哀。愿逝者安息，悲剧不再。

> ——那不是一堆冰冷的数字，而是一个个鲜活的生命。2015-06-07

6个多月前的那起长江船难带走了442个生命。今天，事件调查报告公布。这是对逝者的一个交代，也是对后人的一份教训。当灾难来临，我们不吝给予最真诚的关切。愿所有类似事件也都能有头有尾、有始有终。

> ——当灾难平息，我们同样要像追求真理一样追求真相，像尊重生命一样尊重科学。2015-12-30

2015 年 6 月 2 日，湖北监利，"东方之星"客船翻沉事故搜救现场。

天津爆炸

24 小时，50 人遇难，701 人受伤，不断增长的数字让人揪心。然而，还没到把悼念写成诗行、把泪水流成江河的时候。此刻，救援仍在继续，一些人仍在进行着一场冲锋。那么，就让我们一起祝福那些逆火而上的人：你要平安！

——天津的大火还未完全熄灭。2015-08-13

我们在悲伤中告别逝者，告别英雄，更应痛下决心。告慰逝者的最好方式，是让阳光照进这复杂事件的每个角落，不让逝去的生命白白付出代价，更不让违法违纪者继续逍遥。你我都相信，众声喧哗之后，唯有真相最动人。

——天津港爆炸头七，举国哀悼的日子。2015-08-17

"彻查追责，给遇难者家属和历史一个交代"，李克强总理到达天津爆炸现场，为查明真相打了一针强心剂。唯有及时透明，严厉问责，一究到底，才能告慰逝者，回应质疑。当谨记：人命关天，将悲痛化作安全生产的真切教训，国民才有安全感，那些生命才不是白白逝去。

——权威发布跟不上，谣言就会满天飞。2015-08-17

天津爆炸，印证了总理说的，权威发布跟不上，谣言就会满天飞。灾难能教会我们很多东西，但暴露出的问题不容姑息。身在其位，躲舆论场越远，离聚光灯越近。这也为全国的官员提个醒：既要做好，也要说好，群众时刻在检验你！

——灾难面前，既要全力救援，也要及时通气。2015-08-18

自始自终，媒体和公众都对事件保持着高度的关注。来自多方的质疑、追问和探寻，帮助我们离事实更近。希望这份理性与关切，不仅能够伴随此次事故救援与调查的始终，更能形成惯例，成为后事之师。

——天津爆炸已经过去一周，救援仍在继续，真相还待揭开。2015-08-19

规划、国土、交通、安监、海关等多个政府部门本都是安全生产的有力保障，而如今却可能在某个甚至多个环节上出了问题。链条虽长，断了一环就会失效；木桶虽大，短了一板就会流失。问题出在哪里，让我们拭目以待！

——天津爆炸发生15天后，11名官员被立案侦查，职务覆盖规划、国土、交通、安监、海关等多个政府部门。 2015-08-27

灾难的发生，考验紧急处置和危机应对，也在拷问监管的缺失及其背后的利益黑洞。缅怀和致敬在继续，调查和问责更要继续。如果不能换来一个更安全的生活，我们何以安慰那些逝者的在天之灵？记住他们的名字，用行动让生命安息。

——天津港爆炸已过一月，长长的逝者名单仍然揪住了我们的心。2015-09-12

昆山爆炸

江苏昆山，一声巨响，让 69 条生命阴阳两隔。哀悼逝者，更应追问：安全措施是否到位？车间管理有无漏洞？生产操作是否违规？拒绝带血的 GDP，口号喊了多年，恶性事故为何仍频频发生？严厉查处、严肃追责。劳动者的生命，比任何发展都重要！

——一个本应喜庆浪漫的日子，竟充满血色与悲痛。2014-08-02

近 8 个小时，221 位同胞离去，每一刻，我们都希望数字就此停住。灾区降雨，余震不断，请前线全力搜救，不放过一线希望；创造一切条件，不留救援盲点。黄金 24 小时，我们与时间赛跑，以百倍努力，期待生命奇迹！守望，祝福，云南，平安！

——昆山爆炸的疼痛还未过，云南地震的噩耗又袭来。2014-08-03

广西柳城爆炸

凶残暴戾让人震惊！有人将报复社会的事件归因个人境遇、社会环境，但个人不满又怎能成为乱伤无辜的借口？以制度修正不平，以对话取代暴戾，才能让人活得踏实无畏。愿无辜死者安宁，愿悲剧再不重来。

——广西柳城爆炸案告破，因与周边居民、单位矛盾，便制造爆炸，致 10 人死亡，51 人受伤。

2015-10-02

电梯检修

一次平常的商场购物，竟成母子永诀。吞噬前母亲的托举，令人心痛更留下追问：明明发现盖板松动，为何没有停梯检修？看着母子乘梯，怎么没人上前劝阻？彻查原因，依法严惩，莫让责任缺失，制造更多人间悲剧。人人平安，才有幸福中国。

——人人平安，才有幸福中国。2015-07-27

公共安全是易碎品，任何一个环节的失守，都会导致无法挽回的悲剧。与其事后学会再多的自救防护，倒不如预先堵住那些本不该忽视的疏漏。尽心，尽责，从生产到监管，人人都做好该做的，才有安全中国。

——从踏板垮塌母亲殒命，到商场保洁员被夹截肢，这一周，频频曝出的电梯事故令人心悸。

2015-08-02

庆安枪案

舆论喧哗中，庆安枪案调查结果终于公布。一段全程视频，还原了事件经过，却也留下深刻反思：媒体"倒逼"作用不可否认，但情绪化的负面猜想，是否也遮蔽了理智？倘若当地政府尽早公布信息，是否就能避免无谓的次生灾害？

——一个生命悲剧，一场舆论风波，应该成为反思进步的契机！ 2015-05-14

火灾

四天之内，东北三把大火，万吨粮食，百多人命，毫无隐瞒公布事故原因，毫不姑息追查事故责任，是政府的责任，也是对生命的尊重。经济的发展，物质的丰富，无非为了人的幸福。人没了，总量和速度有何意义？生命教训，警钟长鸣！

——血淋淋的警示：GDP世界第二的中国，安全防线不该如此脆弱！ 2013-06-03

厦门的惨剧令人唏嘘：该是怎样的极端决绝，才能如此暴戾残忍？个人际遇、社会环境，或许都是成因，但愤懑不满不应成为伤及无辜的借口。这个世界并不完美，所以才需要改变与建构，而不是毁灭与解构。否则，每个人都不会安宁。逝者安息，生者当思。

——悲观厌世、泄愤纵火，带走47个鲜活生命。2013-06-08

一场大火，121条生命。灾难背后，多少安全之门被关闭，多少生命权益被漠视？发展和赶超，不能以人的生命为代价。若中国制造成为"血泪制造"，纵然高速增长又有何益？逝者已矣，冰冷的数字当换回反思与行动：人的价值高于一切，平安中国才是幸福中国。

——长长的名单，留下沉甸甸的拷问。2013-06-10

吉林省德惠宝源丰公司，一场大火，242栋房屋受灾，古老文明遭此劫难，独克宗古城，殇！熊熊烈焰好似警钟：建筑稠密、道路狭窄、木质结构、消防设施不健全，诸多古城面临相同困境。开发不能仅谈商业，现代化也不应止步喧嚣的繁荣与打扰。

——以对文明的敬畏，呼唤心灵原乡，愿月光之城涅槃重生，扎西德勒！ 2014-01-11

本应颐养天年，却遭如此不幸，原因必须彻查，责任必须追究！扼腕之际，更应警醒：还有多少养老机构，存在类似隐患？毕竟，对逝者最好的告慰，就是别让悲剧再次重演。愿逝者安息。

——河南鲁山，老年公寓的一场大火，夺去 38 位老人的生命。2015-05-26

坍塌事件

爆竹真能炸塌桥？钢筋为何那么细？质疑背后，反映政府与公众间的信任鸿沟。与其委屈抱怨，不如深刻反思：正是类似事件的长期封堵隐瞒、自我粉饰，才造成信任坍塌、猜疑弥漫。修补透支的政府信用，请从每次真诚面对开始。

——连霍高速义昌大桥垮塌，引发争议连连。2013-02-03

6，14，34，42……云南镇雄，一场突如其来的山体滑坡，不断上升的死亡数字，牵动国人心弦。时间分分秒秒，搜救仍在继续。一线希望百倍努力，不放弃不抛弃，每个个体生命都值得珍惜。今夜，镇雄雨雪交加，让我们共同为生命守望。

——在一起，就有希望。在一起，才有力量。2013-01-11

近年楼塌路陷屡见不鲜，相关责任人是否也应如对待贪腐那样，终身追责？！把楼盖结实，把饭做卫生，把路修平整，各行业坚守专业底线，不应是社会常态吗？无须相互指责，在高度分工的社会，你靠得住，所有人才会靠得住。

——听到响声一回头，家里阳台没了，这不是小说，是发生在沈阳的现实。

2015-07-08

其他安全事故

陕西延安，四川广安，一天内，两起车祸，夺 47 命。惨痛教训发人深省：后发赶超的今日中国，需要一定的速度。然而，高铁世界第一也好，高速公路世界第二也罢，一切速度都是为了人的幸福。一日千里的现代化途中，不能只迷恋文明的成果，忽视"文明的风险"。

——人没了，速度还有什么意义？2012-08-26

北大怒了，一纸诉状递到法院，孰清孰浊交给法律。杨局长"火"了，一次公关勇气可嘉，是否贪腐等待调查。别怪网上的穷追猛打，这不是苛刻挑剔，恰是捍卫是非：法律面前固然人人平等，而官员理当受到更严格约束。

——公民违法犯罪是污染河流，官员违法乱纪是污染水源，岂一次公关了之？

2012-08-31

今天，国务院肖家湾煤矿事故调查组公布举报信息，姓名、住址、电话，一清二楚，传递出一查到底的决心，也警醒一些官员：事故发生，事后的道歉、问责，不如事先的预防、事中的公开透明。欺上瞒下，遮挡不住公众紧盯的眼睛；颠倒黑白，颠覆不了实事求是的法则。

——真相只有一个。2012-09-01

最近，几起公共事件的官方应对，不仅没有平息事态，相反引发更大质疑。与其责备舆论，不如警醒反思：是什么，导致怀疑情绪蔓延？公信力说来抽象却也具体，每一个干部的言行，都关系党和政府的形象。网络时代，法治社会，官员必须养成两个习惯：在监督环境下行事，在法制轨道上用权。

——官方对于公共事件的应对要依法办事。2012-09-05

隧道爆炸隐瞒不报，苯胺泄漏拖延迟报。如此视人命如草芥、将法规当儿戏，背后是一些地方官员瞒天过海的侥幸心理、自保乌纱的苦心算计，唯独不见视民如伤的情怀、实事求是的担当。然而，真相永远只有一个，掩耳盗铃只会使事态恶化、公信透支。

——权力属于人民，人民需要真相。2013-01-07

福建漳浦工地推土车碾死 4 岁女童。生命已破碎，真相不能被碾碎。期待负责任的调查，更该追问：何时刹住强悍而冷酷的推土机？何以驯服无视权利的征地冲动？愿 4 岁生命的离去，能换来反思与校正。

——本是欢笑撒娇的年纪，却成车轮下冰冷的尸体，这不是一个家庭的悲剧。2013-08-29

守护公共福祉，媒体不能匍匐于利益、委身于金钱；肩负舆论监督，记者岂能成为资本的附庸？媒体风骨如果被名缰利锁绑架，舆论监督就只会被公器私用。陈永洲案的结案，应是反思的开始：呼唤更多媒体，在众声喧哗中允中守直，在利益诱惑下激浊扬清！

——羊晚集团宣布调整《新快报》社领导班子。2013-11-01

每一个生命的逝去，都是亲人锥心的痛，也是我们每个人彻骨的伤。及时排除险情、开展救援，更要查明原因、落实责任。今夜寒风萧萧，想青岛痛彻心扉，以生命的名义点一颗蜡烛，愿逝者安息、生者安好，愿死亡人数不再上升！大地从此岁月静好！

——青岛输油管道爆炸死亡人数升至 52 人。2013-11-24

当鲜活生命定格为冰冷数字，当幸福家庭从此支离破碎，还有什么比这更令人痛心？轰然一声巨响，无端夺走了他们的生命，却应让生者警醒起来：彻查原因，严肃追责，别再让无辜生命徒然失去，才是对死者的最好纪念。

——中石化黄潍输油管线爆燃事故 62 位遇难者名单今天公布。2013-12-03

90 后消防员钱凌云、刘杰舍身赴难，戳中无数网友泪点。拨动心弦的，是两位年轻人不离不弃的同胞情谊，挺身而出的担当精神。危难面前，不是畏首畏尾，而是有难同当、生死与共。恸别英雄，让我们记取奉献与担当！

——青春热血演绎的生命绝唱，何尝不是整个社会应有的精神品格？2014-05-02

什么样的深仇大恨，让施工人员与村民性命相搏？祸起征地补偿，这背后有怎样的隐情？矛盾早已出现，当地政府为何不能及时介入，竟导致小事拖炸？初步调查已经公布，严惩施暴者才能告慰生命，更当警醒：别再让征地拆迁，成为夺命利器！

——云南晋宁施工冲突致 8 人死亡。2014-10-16

无论是台湾本地人，还是大陆游客，每个逝去的生命，都是相连的血脉，都有共同的悲伤。这两年，太多的空难让我们感伤生命无常，也更加懂得了珍惜与守望。今夜，让爱穿越海峡两岸，点支蜡烛，为逝者默哀，为生者祈福。

——台湾飞机坠河已致 25 人遇难。2015-02-04

网上一张张教大家规避风险的示意图固然让人温暖，但你永远无法预知哪里少了颗螺丝。当社会上的普通人都熟知电梯与下水道构造、精通地沟油和瘦肉精鉴别的时候，我们的社会恐怕也就失去了基本的安全感。

——真正能让我们安心的，是监管者的尽责与公正，是整个社会安全链条的精密与完整。

2015-07-28

暴恐

天安门暴恐

冲向人群的车辆、触目惊心的画面，折射暴恐分子的丧心病狂。无论何种文明，对生命的敬畏与尊重，都应是基本的人伦底线。所谓行善方得善果，滥杀无辜的行径，背离宗教本义，又怎能上得天堂？暴行凝聚起正义的力量，也应唤醒沉迷的灵魂。

——北京天安门 10•28 暴恐案视频曝光。2014-06-25

昆明暴恐

昆明"3·01"严重暴力恐怖案告破。每一个名字背后，都曾是温热鲜活的生命！唯以爱与团结，弥合仇恨暴力；以无畏的努力，温暖不再圆满的家庭；以坚定的行动，护卫家园的安宁。逝者安息！昆明安好！

——今夜，让我们燃起蜡烛，再次为 29 个无辜的亡魂默哀。2014-03-03

2014 年 3 月 2 日，昆明火车站，特警执勤。

新疆暴恐

巴楚案的残忍手段，再次证明恐怖分子的丧心病狂。当暴力成为极端主张的砝码，当平民成为恐怖伤害的对象，这样的行径，已成人类文明的公敌。不退缩，不妥协，坚决铲除恐怖势力，更须彻底铲除恐怖主义生长的温床。边疆安定，才有国家安宁。

——新疆巴楚案告破，却难挽回 15 名烈士的鲜活生命。2013-04-29

新疆鄯善恐怖袭击案告破。这个世界多元多彩，民族可以不同，信仰可以各异，然而，法制的尊严不容挑战，人类的底线不容突破。事态的快速平定同时说明，暴力事件、分裂势力，只是一个社会非常小的沙砾，新疆依然美丽。祝福新疆，祝福中国。

——血淋淋的现实，再次证明暴徒的丧心病狂。2013-06-30

乌鲁木齐暴恐

3 死 79 伤，乌鲁木齐火车南站的爆炸，让暴恐分子站到文明的对立面，也站到维吾尔整个民族的对立面。我们渴望稳定，但稳定不可姑息以求，必须斗争而得！并肩聚力，向暴恐分子宣战！

——敌人越想破坏团结，我们越要守望相助；暴恐越是穷凶极恶，我们越要同仇敌忾。

2014-05-01

时隔不到一月，乌鲁木齐又见血案。31 个生命的离去令人痛心，却也催人坚强：不战胜邪恶，正义就不能伸张，人民就永无宁日。唯以坚定行动，震慑嚣张气焰；以百倍努力，守护家园安宁。逝者安息！

——这是对文明底线的公然挑衅，也是对公共秩序的猖狂示威。2014-05-22

今晚，乌鲁木齐，点点烛光，寄托人们对逝者的哀思。暴恐是全人类的共同敌人，杀害平民的罪责无法逃脱，践踏生命的恶行必须严惩。我们不愿再看到鲜血，但我们不会因此畏惧退缩。以生命的名义，让我们并肩聚力，向暴恐宣战！

——血写的悲剧令人痛心，也再次警醒人们。2014-05-23

2014 年 5 月，新疆喀什：武警边防特战队员举行反恐演练。

邪教

这些人光天化日残忍施暴，这是何等嚣张？类似事件最近频频曝光，原因何在？
期待尽快查明真相，依法严惩罪犯！平安中国，拒绝暴力，若任由暴戾之气蔓延，
只会使人心冷漠、道义荒芜。盼正义伸张，愿逝者安息！

——山东招远，女顾客公共场合被群殴致死。2014-05-30

刺痛人们的，除了血腥的场面，更有杀人者对生命的漠视。什么原因，让人成了
恶魔的忠实信徒？什么原因，让邪教横行渗透十数年？斯人已去，警钟却为每个
人鸣响：他们邪恶，我们才要正直；他们猖獗，我们必须反击。诛人者，法必诛
之！逝者安息！

——山东招远，一位年轻母亲的暴亡引发公愤。2014-05-31

从 "××大法" 到 "××宣教会"，从 "操控精神" 到 "毁灭肉体"，荒唐至极的歪
理邪说，竟赢得众多拥趸，甚至生死相随。邪教盛行的背后，不容回避乡村凋敝、精
神空虚的现实。坚决依法打击，更当育文明之风，根除土壤。正气兴，歪风息。

——招远血案，令 "邪教" 话题再成舆论焦点。2014-06-04

自然灾害

地震

一场地震，让我们痛惜生命无常，也痛感发展失衡。然而，当下第一位的是救人。集结号已吹响，奔向彝良的志愿者中，又看到川人的身影，一如此前的玉树和舟曲。灾难呈现的，不仅是伤痛，还有守望相助；灾难沉淀的，不仅是缅怀，还有感恩之心。这些，构成共同记忆和集体品性。彝良挺住！

——云南省彝良县发生 5.7 级地震。2012-09-08

震级不大，造成的伤害和救援的难度却超乎想象，原因在于当地的贫困与闭塞。灾难让人叹息生命无常，同时凸显"另一个中国"。现代化动车组，不能只有北上广，还要有中西部；发展路上，要讲究速度与效益，又勿忘均衡与协调。

——一场山体滑坡，夺去 19 条生命，也把关注目光拉回云南彝良。2012-10-05

时隔 5 年，雅安，一场强震使人再次感受大自然的无常。黑夜救援，生死竞速，一声呼唤就是一个命令。再困难再艰险，我们也不离不弃，因为我们相信有坚持就有奇迹。让今晚告诉世界：什么是血浓于水，什么叫人间大爱！

——时至 0 点，700 多次，大地仍在痉挛，我的亲人你现在如何？2013-04-21

灾难让人无助，当地的贫困、基础设施的脆弱，更凸显欠发达地区面对灾难的无力。中国的现代化，若忽视广袤的中西部，北上广的繁华会大打折扣。灾难中携手相助，更要发展中协调共进。震后第一夜，愿逝者安息，生者坚强。守望，祝福，定西平安！

——6.6 级地震，89 个逝去生命，将目光引向定西。2013-07-22

再一次，向 617 名遇难同胞致哀，那些曾经鲜活的面孔，再也不会回来。残酷的自然灾难面前，生命是如此脆弱。唯有守望相助，让我们彼此温暖。擦干眼泪，铭记灾难，用一个更美好的家园，告慰逝去的生命。

——今天，云南鲁甸地震头七，点点烛光寄寓无尽哀思。2014-08-09

云南景谷 6.6 级地震。救援正在路上，时间就是生命！愿每位同胞都安好，今夜，为云南守望，为景谷祈福！

——震中伤亡尚不明朗，震区灾情令人揪心。2014-10-08

时值周末，四川康定县 6.3 级地震。灾情仍在统计，救援已在路上，时间就是生命。无论灾情大小，每一个生命都不应放弃，每一丝希望都要全力争取，每一个细节都应落到实处！共同守望灾区，祈愿平安。今夜，愿那里的每位同胞，人安心安！

——突如其来、牵动人心。2014-11-22

灾难面前，没有人是孤岛；守望相助，一切为了生命。唯愿明日清晨，初升的太阳，能照亮更多人的脸庞。向逝者致哀，愿生者坚强。喜马拉雅，平安！

——8.1 级地震，至少 1000 人罹难，包括 16 名中国公民。2015-04-25

洪水

两广 26 人遇难，东北 85 人命亡。这 111 个生命，都曾给这个世界带来过光和热，都是我们的姐妹弟兄。今夜，点颗蜡烛，一起送送洪水吞噬的遇难同胞。生命脆弱，所以选择坚强；个体力薄，所以守望相助。

——滔滔洪水，肆虐中国南北。2013-08-19

暴雨

一天新闻，好像总避不过"水"：长江上游发生洪水，三峡水库将出现建库以来的最大洪水；北方刚刚经历了强降雨袭击，惊魂甫定，"韦森特"又要光顾华南沿海。希望政府应对及时给力，希望因灾损失少些更少些。

——每年这个季节，总是汛情多发。2012-07-23

也许我们无法回避灾难，但我们可以选择如何面对灾难。恩格斯说过：没有哪一次巨大的历史灾难，不是以历史的进步为补偿的。

——中国大部分地区遭遇暴雨，其中北京及其周边地区遭遇 61 年来最强暴雨及洪涝灾害。

2012-07-25

过去 7 天，一场暴雨让我们感到生命的无常与重量，也看到周遭的种种不足与缺陷。同样铭记于心的，是灾难中爱的赠予和传递，是对责任的坚守和护卫。

　　——你所站立的地方，正是你的中国。你怎么样，中国便怎么样。你是什么，中国便是什么。

　　你有光明，中国便不黑暗。 2012-07-28

今天，哈尔滨一座大桥坍塌，又让人想起 1400 多年前建成、屡经洪水地震而不毁的赵州桥。怀旧，不止于赞叹古人的智慧，更呼唤责任和良心的回归，让现代人建起的工程，也能经得住时间拷问，恒久呵护我们的幸福与安宁。

　　——暴雨引发内涝，让人想起建于宋代、至今仍福佑赣州的排水渠福寿沟。2012-08-24

哈尔滨覆桥事件千呼万唤等来的调查结论，却引发了更大的质疑。事件再一次提醒我们：平息众疑，最好办法是及时的回应、公开的调查、耐心的解释，而不是拖延和一纸简单结论。公民意识日渐觉醒的今天，公权力要容得下吐槽、经得起质疑、守得住底线。

　　——桥虽覆，而公信在、人心正。2012-09-20

暴雨侵袭天府之国，老青莲、牛鼻子、拱星三座大桥相继垮塌。下雨会塌，超重会塌，经历千年风雨的赵州桥却为何坚固依然？扛得住天灾，经得住时间，筑得起平安，不仅靠钢筋水泥，更靠良心责任。这夜，雨仍在下，祝福四川。

　　——天灾不易抵抗，可是否又一次暴露出建筑的脆弱？ 2013-07-10

垮桥、滑坡、泥石流；北川、汶川、都江堰……风雨飘摇中，我们再次痛惜生命的脆弱，也再次见证川人的坚韧与血性，见证灾难中的温暖与感动。这一刻，让我们选择守望相助、不离不弃。为逝者默哀，为四川祈福。

　　——一场暴雨，重创天府之国。2013-07-11

狂风暴雨中，我们看到自然的无情、生命的脆弱，也看到危难时的紧急救援、汪洋中的守望相助。今夜，一起点颗蜡烛，哀悼风雨中的遇难同胞。一起许个心愿：天霁雨歇，江河安澜。众志成城，我们定能共御天灾。余姚挺住！宁波加油！

　　——"菲特"肆虐所向，江河决堤，城市淹没，江南天堂成泽国。2013-10-08

2012 年 7 月 21 日，北京持续降暴雨。广渠门桥下，积水达 4 米深。

雨量固然是大，而当暴雨围城成了一年一度的"暑期档"，我们要问问下水道这颗城市的"良心"，这本历史欠账究竟何时还完？城市不是大楼的展览会，而是人的栖息地，它的生长终归是为了人。不能赢了面子，却输了里子。

——公交车变成"公交船"，一场暴雨又让多地开启"看海模式"。2015-07-23

社会·生活

——社会的进步就是人类对美的追求的结晶

社会

医疗

H7N9 禽流感已致 14 人感染，5 人去世。不断攀升的数字令人沉痛，但比疫情更让人担心的，是信息不对称带来的猜疑与不安。从非典到禽流感，我们当铭记生命换来的警示：面对危机，信息公开方能纾解焦虑，带来理性应对、同心化解。今日清明，逝者安息。

——疫情突如其来，防控紧急展开。2013-04-04

"但愿人长久，相伴板蓝根"。相较 10 年前的非典，公众质疑调侃背后，说明社会理性与批判意识相伴生长。当权威不再一言九鼎，应清醒：应对危机，唯以更科学的精神、更理性的态度、更对等的沟通，才能赢得信任。防控疫情如此，破解改革发展难题同样如此。

——"板蓝根造句"红遍微博。2013-04-06

面对 H7N9 禽流感疫情，公众难免担忧焦虑，此时更需政府积极行动，给人信心：以信息公开消除公众担忧，以更严密防控保障公众健康，唯有此，才能相向努力，同心抗击。十年之后，中国人不应再承受非典那个春天里相似的恐慌。

——上海启动三级防控，江苏确认 4 例新病例，安徽一人病危。2013-04-09

发生在天津某妇产医院的黑幕，令人齿寒。该是怎样泯灭人性，才会戕害稚嫩生命？难道利益真成了粉碎机，荡平了道义和信任？期待彻查严惩，斩断利益，守候良知！

——多美滋不惜重金买通医生护士，强行给新生儿喂指定奶粉，由此产生依赖，排斥母乳。

2013-09-17

广州 ICU 医生遭毒打，浙江患者连捅数人 1 死 2 伤，究竟是什么原因，竟让医患关系冰火难容？畸形的以药养医，将医生逼进不仁不义之地。重建信任，靠服务提升、换位思考，更需改革积弊：让医生靠本事吃饭，不再靠卖药生存，摆脱利益束缚，医道才有尊严，医患才有和谐！

——医生竟成"高危职业"？ 2013-10-25

浙江温岭杀医血案把医患关系推上风口浪尖。一条生命的陨落，一个职业的悲哀，这是没有赢家的悲剧。无论分歧多大，都不应诉诸暴力；血写的悲剧只会加剧撕裂，更何谈让医患关系回归理解与信任的轨道？今夜，我们一起点颗蜡烛送送王云杰医师，也共同呼吁：医疗改革，该拿真招、见实效了！

——医疗改革该"亮招"了。2013-10-28

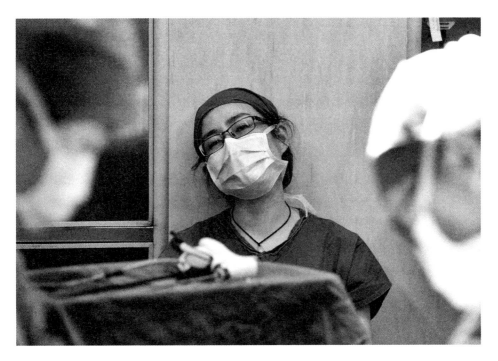

2014 年 10 月，浙江杭州，国庆长假一过，杭城各大医院迎来节后手术高峰。手术间隙，医生显得疲惫不堪。

广东潮州发生辱医事件，百余人押医生游街。我们谴责的同时不禁追问：救死扶伤的工作，怎就成了高危职业？崇高的白衣天使，又因何被视作"白衣狼"？拷问道德，不如反思体制：不斩断以药养医的利益链，何谈医道尊严？理顺畸形的体制，才能修复脆弱的互信。

——医患和谐，医者之福，患者之福。2014-03-06

网络之地，鱼龙混杂。谣言所消费的，是当下敏感的医患话题；所利用的，是公众对司法不公的想象。依法亮剑，严惩别有用心的造谣者；更须学会理性、拒绝轻信，莫让真相比谣言落寞。

——"医生列车救人却被判非法行医"，一则漏洞百出的谣言竟然广泛传播。2014-06-28

湖南湘潭，一位产妇的不幸离世，引发舆论狂潮。大众的唇枪舌剑中，到底有多少理性的探讨、负责的求证？当情绪化指责蒙蔽了事实真相，除了舆论狂欢，剩下的只有对抗与仇视。倘若"看热闹不嫌事大"成为常态，这个社会可能只有一种结果："人人手持心中的圣旗，满脸红光走向罪恶"。

——坚决抵制"看热闹不嫌事大"的态度。2014-08-13

中医诊脉能否验孕？网民的唇枪舌剑间，折射的却是中医的式微，以及一些人对传统医学的不信任。期待一场口舌之争，能化为科普良机，更期待传统医学焕发生机，继续呵护人们的健康。

——网上对中医诊脉能否验孕吵得沸沸扬扬。2014-10-14

本应阳光灿烂的幼小生命，就这样意外蒙上厚重的阴霾。病毒"窗口期"客观存在，输血风险或难完全避免。然而，必要的人道救助不应缺席。更应深思：可否以此为契机，为那些遭遇相似的患者建立救助机制？祝福孩子，愿来自各界的爱，让她的未来充满暖色。

——福建5岁女童因输血感染艾滋病。2015-01-11

在医患矛盾尖锐的今天，人们呼唤好医生，却不该期待疲惫的好医生。巨大的外界压力之下，不少救死扶伤者反而最忽视自己的健康，这种现象值得深思。医改需要加快步伐，让医疗资源更为平衡。需保障医生的休息权，为白衣天使，更为你我！

——身着手术服的医生睡着在衣柜里，照片感动了许多人。2015-07-09

每一个患者都是带着希望求医问诊，每一个医生都应怀着真诚治病救人，医患本是相生，缘何相害？根源或在医疗资源的紧张和社会保障的不健全，但这也不能让我们失守共同的法律底线。医院是给生命希望的地方，那里没有暴力的空间。

——仅有两成多医生未遭遇身体或语言暴力，数字触目惊心。2015-07-17

"他是我的爸爸，不是那些病人的爸爸"，虽是稚子之言，却说出许多医务工作者的现状：早出晚归，经常加班。向他们道声辛苦，但更该从制度层面反思，如何解决医疗资源的紧张，保障医生的休息权。愿救死扶伤的天使，也能多陪陪自己的家人。

——一篇8岁孩子的作文，戳中了很多人的泪点。2015-10-11

养老

说不尽的孤单，住不进的养老院，这是老人的苦恼；艰辛的打拼，不堪的赡养压力，这是年轻人的不易。未富先老、银发浪潮，宏大话题的背后，是每个家庭具体而微的难题。老有所养，让生命暮年安然度过，这是儿女的义务，也是社会该给的承诺。

——第一个老年节，愿天下老人幸福安康！2013-10-13

国务院决定，建立统一城乡居民基本养老保险制度。让生活始终保有安全感，每个人的奋斗才有底气；让公民均享社会福利，国家才会因此更加美好。无论城乡都是中国，鳏寡孤独皆有所养，这样的国家才有尊严！

——这是顺潮流、应民心之举。2014-02-07

一辈子同样勤勤恳恳，到头来收入天差地别，这样的制度安排，何谈公正公平？破除"双轨制"，需要成熟的一揽子方案，更需要克服阻力、扎实推进的勇气与智慧。人人老有所养，是社会大同理想，也是执政者的政治责任。

——中央通过养老保险改革方案，机关、事业单位与企业养老将一视同仁。2014-12-23

这是指向公平的改革：无论体制内外，缴相同的费，得相同的钱，这样的安排天经地义。也应看到，养老之外，还有多少双轨有待取消，多少不公未曾解决？抹去身份界限，让公平正义普照，这是改革取向，也是民心所向。

——养老双轨制正式废除，机关、企事业单位基本养老将一视同仁。2015-01-14

"绝不能让国企老工人流汗又流泪"。来自总理的话语，情深意切，意味深长。改革的指向，理应是全体人民的共同福祉。那些曾经付出青春和汗水的人们，这个国家没有理由把他们遗忘。保障每个老人的幸福晚年，也是保障你我自己的明天。

——老有所养，这是政治承诺，更应付诸行动。2015-03-09

延迟退休方案引发关注也引来疑虑：会不会影响就业？会不会产生不公？老龄化加速，抚养比下降，延迟退休已成大势所趋。然而，何时实施，如何推进，还要征求民意、周密考量。事关老有所养，决策要慎之又慎；事关每个个体，改革当指向公平。

——人社部部长谈延迟退休方案时间表，称希望后年推出。2015-03-10

当每一个平度孤寡老人李树荣式的悲剧曝光，往往都有当地政府的亡羊补牢紧随其后，然而这却无法阻止人们的痛心与追问。我们更需要一种机制，让民众之问化为制度之问和法律之问，以防止这类悲剧反复上演。

——衰老是所有人的明天，善待生命的暮年，就是对自身宿命的最后尊重。2015-08-10

办事难

办证如此折腾人的事，几乎每个人都感同身受。这背后，透射出权力的傲慢与冷漠。媒体一曝光，领导一重视，立即就查处，这惯常的问责路数，或许来得痛快，可也让人担心：风头一过，会不会依然故我？个案解决，官僚病何以根治？当思！

——河北小伙办护照，返乡六次；江苏小伙办营业执照，往返十次。2013-10-12

办证难，为何媒体一曝光，领导一批示，立即就解决？为己不为人，自然冷若冰霜；对上不对下，焉不鼻孔朝天？办证难，难在官僚作风，更在制度设计。当警醒：群众身边事就是最大的政治，让人民监督政府，权力才不敢怠慢，办证才不会难！

——调查显示，8 成受访者遭遇办证难。2013-10-19

恶意欠薪早已入刑，相关规定三令五申，欠薪顽疾为何至今屡见不鲜？讨薪无门，折损的是工人的利益，伤害的是法律的尊严。依法行政，违法必究，有关部门应多点担当，别再让农民工兄弟寒心！

——湖北 42 名农民工讨薪两年，被 8 部门踢皮球至今未果。2014-12-11

看似荒唐的段子，折射无奈的现实：证在囧途，囧的是改革的障碍；跑腿受气，气的是权力的傲慢。身份凭据的确必要，然而，管理只是底线，服务才是目标。少些信息壁垒、叠床架屋，类似尴尬完全可以避免。关键，看有没有改革决心。

——既要证明"我妈是我妈"，又要证明"我是我"。2015-05-08

按规定办事无可厚非，但应当反思，如何明确职责界限、简化办事流程。涉事人员已被处理，不禁要问：还有多少人仍在四处奔走、无奈等待？唯有加快简政放权，完善问责机制，方可告别荒唐。

——昆明女子欲迁成都，被要求开"未婚证明"，奔波多次，却陷入不断"要开证明来证明前面一个证明"的怪圈。　　　　　　　　　　　　　　　　　2015-07-11

按规定办事无可厚非，但"自己人"不留情面的责问也在提醒：怎么才能让老百姓少跑几趟？如何简化不必要的办事流程？多些服务意识，少些官僚作风，当谨记：群众的事就是最大的事，让人民监督政府，权力才不敢怠慢。

——派出所喊话民政局"少找麻烦多办实事"，被网友称为"业界良心"。2015-08-05

冷水江派出所公开"吐槽"民政局，引来多地派出所效仿呼应。可见奇葩证明所暴露的奇葩规定，不仅影响民众生活，也妨碍政府正常履职。既然群众不喜，部门不爱，何不以此为契机，重新审视一些徒具形式的繁文陈规，让整个社会轻装前行。

——某些部门，你们听到简政放权的呼声了吗？2015-08-12

食品安全

峰回路转的新闻，沸沸扬扬的舆论，折射民众对食品安全的担忧。无论当地是否有过类似表态，"撑死麻雀"的笑话都是警示：面对危机，老老实实才能赢取理解，信口开河只能自毁公信。为官者当戒：麻雀事小，莫因此伤了民意民心！

——湖北宜昌死亡麻雀终被证实死于中毒。2014-07-03

人们追问：号称管理规范的"国际名企"，何以在中国行龌龊之事？资本逐利，是本性使然；严格监管，不应中外有别。过期肉食让洋快餐失陷，更令薄弱的监管蒙羞。严肃追责，严厉查处，守好自己的篱笆，别让中国消费者再受伤害！

——麦当劳、肯德基供应商上海福喜被曝使用过期食品，引发轩然大波。2014-07-21

武汉超市买米5种，竟有3种含转基因成分。这样的报道令人惶恐：难道转基因食品已经失控？关于转基因，利害之争形同水火，面对不确知，谨慎控制是万全之策。然而，真理还未穿鞋，利益竟已猖獗，事关子孙万代安全，严格监管又在哪里？公众需要科学精神，更需要知情权。

——莫让消费者成小白鼠！2014-07-27

一天内两条新闻令人唏嘘：责任人尚在服刑，"大头娃娃"的哭泣声犹在耳边，三聚氰胺幽灵再现，毒奶何以屡禁不绝？市场经济不应是不择手段，商业诚信的底线不容失守。强化监管，更须依法严惩。莫让唯利是图，毁了我们的孩子！

——原三鹿董事长田文华减刑至18年，广东缴获12吨三聚氰胺酸奶片。2014-07-31

住房户口

"全面放开小城镇和小城市落户限制"，城镇化路径清晰的背后，是社会管理制度的渐进改革。城镇化不能人为造城，不搞被迫上楼，而要实现新居民应享的基本权益。这需城市的胸襟，更需人性化的设计。每个逐梦者，请为这片土地存续公平。

——一纸户籍，将中国人的身份焊在城乡两端。2013-06-27

北上广房价高企，许多年轻人徒然兴叹。房子是开发商的钱袋，却是年轻人梦想的载体。如果房价腰斩青春梦想，一座城市怎会保持活力，一个社会如何持续繁荣？给奋斗的青春一张床，让每一种青春都得以安放，这是为青年减负，也是对未来负责！

——"不是能不能买得起房，而是能不能有一张床！"2013-10-31

北京有人蜗居井下，让多少人牵肠挂肚。难道地上的高楼大厦，注定不能给他们哪怕一个立足之地？如今，井盖被封、天气渐冷，那些"井底人"不知去向，他们能找到安身之所吗？井底蜗居是个呼吁：安得广厦千万间，大庇天下寒士俱欢颜！

——井盖底下，忍辱的是生存；污水沟旁，蜷缩的是尊严！2013-12-07

曾几何时，薄薄一纸户籍，将国人隔离在城乡两端，制造了多少天壤之别和离合悲欢。如今，打破户籍坚冰，取消户籍差别，更须破除依附其上的利益不公。同一片蓝天下，身份标签不应成阶层鸿沟。人人过上有尊严的幸福生活，才是中国梦的应有之义。

——经年千呼万唤，户籍改革终于破冰！2014-07-30

春运

半价票有理还是全价票有理，孰是孰非暂无定论，日益觉醒的权利意识却不容忽视。今天的中国，议题不再由单方设置，话语权不再由单方垄断。公允的利益安排，不是出自垄断状态下权力的恩赐，而是"议价机制"下的兼听兼顾和公正裁决。票价如此，改革亦然。

——9成网友支持无座票半价，铁道部回应称全价有理。2013-01-16

"半价票"支持者说，服务不同，价格不同；反对者说，这会让更多人挤向铁路，造成超员和服务质量下降。站票半价，舆论热点，也是民生课题，能或不能，都应做出说明。信息对称，是公共讨论的基础；倾听民意，是科学决策的智慧。官民良性互动，请从沟通和回应开始！

——火车站票该不该半价？2013-12-16

网络订票、电话订票，享受便利的同时也该想想：文化欠缺、不懂网络的农民工兄弟，谁给他们一个公平的机会、一张圆梦的车票？每缕乡愁，都是相同牵挂；技术壁垒，不应成阶层鸿沟。帮他们留张回家的车票吧，让更多游子归乡、更多亲情团聚，才有中国团圆年。

——春运临近，抢票渐入白热状态。2014-01-05

2013年2月5日，春节临近，石家庄火车站人群拥挤。

公务员涨薪

诺贝尔奖得主埃德蒙·菲尔普斯称，年轻人争当公务员是一种浪费。中国人为什么爱当公务员，无外稳定的收入预期和潜在的特权想象。然而，人人追求稳定，谁去创造价值？人才浪费是最大浪费，给予体制内外平等机会，才能营造一个人尽其才的制度环境。

——人人梦想特权，谁来激发创新？2013-09-12

媒体调查称，62.3% 的青年网民反对公务员涨薪。数字未必准确，情绪值得思考：为什么一提公务员，人们往往觉得"超国民待遇"，甚至产生"腐败猜想"？当"铁饭碗"变成人人追捧的"金饭碗"，这本身就是不正常的现象。

——权力回归本位，公职才能回归本色，社会才能回归常识。2014-01-23

公务员加薪引起一片斥责。澄清说明的同时，也要反思：抱怨工资低，行政经费支出却居高不下；工资条上薪水清可见底，看不见的"工资"却深不可测。这些矛盾不破解，民众对"公务员涨工资"始终心有千千结。涨工资先涨透明度，三公经费、福利待遇透明，才可能赢得理解与信任。

——一提公务员加薪，就注定一片斥责。2014-03-07

一边是"工资十年未涨"的吐槽，一边是"隐性收入有多少"的追问。平心而论，公众计较的，并非公务员薪酬的多少，而是对于灰色收入的"不公愤慨"、钱权交易的"腐败猜想"。把工资放在阳光下，让权力受到严格规约，公平合理的按劳所得，谁会反对？

——公务员该不该涨薪？老话题再掀波澜。2014-09-12

"灰色收入多少？""钱少为啥不跳槽？"普遍弥漫的质疑，折射"官民"之间的信任缺失。部分官员特权贪腐，让整个公务员队伍背上黑锅。弥合信任，修复形象，与其苦口婆心引导公众，不如反求诸己、刮骨疗伤。先有自律清廉，后有理解尊重。

——基层公务员自曝低工资，引来"不信"一片。2014-09-14

一提公务员涨薪，总惹来骂声一片："灰色收入多少？"质疑背后，是脆弱的官民互信、弥漫的"腐败猜想"。平心而论，公务员不等于贪官，他们也需要合理收入、正常保障。让权力运行更规范，让工资福利更透明，合法健康的收入增长，理应支持！

——全国人大调研显示，公务员工资 8 年未涨。2014-11-01

加薪可以理解，人们只是担忧：工资涨了，灰色收入会不会少？"吃空饷"者能不能清除？调整工资收入，更须剥离身份特权，挤压灰色空间。让公务员收入"主要靠工资"，让公众不再认为"脸难看，事难办"！调之后，要改革的还有很多。

——公务员工资将调整，方案细节尚待进一步披露。2015-01-19

一边抱怨"涨幅太小还担骂名",一边质疑"涨了工资,办事会不会照样被刁难?"加薪引发的争议背后,是长期积累的隔阂。平心而论,公务员也要养家糊口。呼唤理解的同时,更期待以改革清除灰色地带,让公众对公务员少些群体"腐败猜想"。

——人社部透露:公务员人均月薪上涨约300元。2015-01-24

公务员离职是否成"潮"言之尚早。然而,单一的人才流向,从来不是健康的标志。多元的就业选择,恰恰是社会活力的体现。深化改革,让权力更透明、赏罚更分明、创业更公平。让优秀人才自由流动、自由施展,人人圆梦,中国梦圆。

——调查显示,公务员跳槽人数同比上涨,有人惊呼公务员离职潮来了。2015-04-03

中央整风肃纪的当下,类似离职潮的说法不少,却未必符合事实。公务员辞职,做比说难。"辞职想象"背后,有正常人才流动,也有对为官不易的焦虑。与其关注辞职人数,不如关注如何让规则更透明、福利更规范、晋升更通畅。稳定优质的公务员队伍,是国家之幸,公众之福。

——"公务员现辞职潮"? 2015-04-11

仅有5家中央部门公布了职工人数,无法测算平均工资,也就无法衡量节约"指数",一定程度上有损此次公开的含金量。不管怎样,首次公开已经是一种进步,让公开更全面透明,不绕弯子不留暗角,各部门还需多给力。

——83家中央部门首次公开工资福利支出,体现出全口径管理的预算法宗旨。

2015-04-18

近些年一个怪状是:"老虎苍蝇"穷奢极欲,而多数基层公务员靠可怜巴巴工资过活。平心而论,人们痛恨的是灰色收入和隐性福利,而非正常合理的待遇保障。让涨的一分一厘都清清楚楚,官员才能干净做事,公众的"腐败猜想"才能消弭。

——人均每月加薪300元,9年未涨的公务员工资6月底前上调。2015-05-16

一方抱怨活多钱少还挨骂，另一方质疑凭什么涨工资。平心而论，公务员也要生活，需要合理收入。人们排斥的，也并非正常待遇保障，而是灰色收入和隐性福利。让每一分收入都公开透明，踏踏实实做事，清清白白做人，才能消弭"腐败猜想"。

——多地公务员晒工资条，涨幅几十到几百元不等。2015-07-13

打拐

抛开对网络营销的质疑，话题"枪毙人贩子"本身的确戳中人心。孩子，牵动一个家庭太多的骨肉之情、切肤之痛。也正因此，涉及拐卖收买儿童的法律变动，才更需考量。讨论契机已经出现，公共理性应当跟上。天下无拐，我们一起努力！

——"人贩子一律枪毙，同意顶起"刷爆朋友圈。2015-06-18

被拐女成最美乡村教师，时隔几年，舆论再次聚焦到郜艳敏身上，有人诅咒人贩，有人感慨命运。毋庸置疑，法律要回应她的不幸，而多年过去，人们也应给予她更多的理解和关怀。唯有严惩犯罪、完善救助体系，才能少一些这样的荒诞。愿天下无拐！

——一个正能量故事的开始，竟是一个负能量的悲剧。2015-08-01

2015 年 4 月 26 日，郑州，河南省首届"寻亲大会"在郑州二七广场举行。

2015 年 9 月 19 日，民政部上线"全国打拐解救儿童寻亲公告平台"，公布了 284 名未找到父母的被拐儿童信息。这些被拐儿童中甚至有 2006 年被解救，至今还未能找到亲人的孩子。抓人贩，救孩子，只是整个解救行动的一环。完善打拐 DNA 信息库，依法建立收养制度，同样势在必行。

——不要让等待变得太久，温暖来得太迟。2015-09-20

不合理收费

青兰高速，拖车开出 2 万天价，司机急哭；河南永城，交管部门漫天罚款，车主自杀！救援要价，无异趁火打劫，这背后有怎样的灰色利益链？超额罚款，不惜违规用权，怎能把权力公开化？不让利益绑架权力，避免权力突破法律，才能杜绝乱收费。

——公路本姓公，公权应为公！2013-11-30

河北省有关部门的规定，因涉嫌歧视遭反垄断调查。公平开放是市场经济要义，以地域区别收费，如此划地为牢，伤害别人，于己又有何利？须警惕：依托权力形成的垄断，是最危险的垄断。冲破利益掣肘，切实管住看得见的手，市场有公平，发展有活力。

——本地车路桥费打对折，外地车无缘。2014-09-13

名目繁多的"使用费""占道费"，钱都收到何处？又花到哪里？于法无据，无权收费，这是基本法治原则。彻底清理，管住"看得见的手"，让每一分税费都收得清楚、花得明白。别让"收费冲动"，成与民争利的黑手！

——我国将清理水电油等民生资源附加费，未列入清单的行政收费，公民有权拒缴！

2014-11-17

法定的 15 年收费，到头来没完没了，这算不算朝令夕改？算不算与民争利？其实，比收费长短更令舆论在意的，是收的钱去了哪里。依法依规，才算收得合理；公开透明，才能交得踏实。

——山东省决定延长 15 条高速公路收费期引发争议。2015-01-06

《人民日报》盘点：你我日常生活中要交 30 多种附加费，仅每年电费附加费就高达 270 亿，绝大多数收费无明确法律依据。别让附加费成了糊涂账，损了公民的利益，肥了少数人的腰包。清费立税，更要规范透明：政府账本，能不能给公众一个明明白白？

——"费"单满天飞，一共收了多少，最后用到了何处？2015-02-06

其实，让人"肉疼"的不是交钱，而是交的钱去了哪里。全国 11 多万公里高速公路，每一条要还多少、收费多少、支出多少？一年近 4000 亿元的高速收费，敢不敢给公众一个明白账？收费偿债，不能陷入无限循环；账本清楚，才能交得踏实。

——高速公路拟长期收费，征求意见稿一经公布引发热议。2015-07-21

"老人摔倒"事件

"老人摔倒"事件经调查，路人并非那样冷漠。这已经不是善意第一次被误读。以讹传讹固然难辞其咎，但背后的社会心理也值得探究：见识过冷漠，所以不拒绝相信。社会能量场，我们都身在其中，向好还是向坏，取决于每个人的选择。

——"老人摔倒，178 人跨过他身体离开"。2013-04-10

不考虑做好事可能被讹，也许显得不够成熟，弃之不顾是否也太过冷漠？难道怀疑真的成为了时代的粉碎机，任其解构信任的基石？具体选择言人人殊，但请铭记：最大的悲剧不是坏人嚣张，而是好人沉默。仁善之举不容玷污，向善之心不能迟疑！

——老人跌倒在地，扶还是不扶，成为人们心头的纠结。2013-11-26

广东河源，扶老人就医者被诬撞人，自杀以证清白。尽管是个案，却映照人心冷暖：扶人者怀揣善心，讹人者坏了良心，旁观者闻之寒心。难道从此以往，见人不扶成自我保护的无奈？呵护良善，不能只靠道德鼓励，更要有法律保护。让讹人者得到惩戒，助人者才能安心做好人！

——救人者竟自杀以证清白！2014-01-06

助人本是传统美德，却有多少善意，经得起这般辜负？拯救灵魂的迷失，拒绝恶的弥漫，需法律的完善，更需你我对善的坚守。丝缕阳光，可融坚冰；点滴良善，成就大爱。你所站立的地方，就是你的中国，莫灰心，共努力！

——广东倒地老人首次承认自己摔倒，自杀证清白的救人者，生命已无法挽回。2014-01-12

向摔倒者伸出援手，本是平常小事，何时起竟要瞻前顾后？扶起倒地者易，扶起社会良心难。呵护道德良善，需要法律保护，更需你我的坚守！让每次"扶不扶"都得到肯定答案，让每个善举都免于刁难。你我都有光明，中国便不黑暗！

——山东烟台上演现实版《扶不扶》。2014-02-09

大妈长城脚下跌倒，十分钟无人扶窒息而亡；学生扶老人被诬，反不计前嫌捐款千元。事不关己的冷漠让人愤恨，趁机讹诈的恶行不能纵容，而以德报怨的善良和气度，不得不令人感佩。古话说"道德当身，不以物惑"，你扶起的不光是他人，更是自己的公德与良心。

——大众心态映照人性的光明与幽暗。2015-04-24

委屈或能抚平，可要如何跟孩子解释，课本里讲的助人为乐竟换来这样的结果？诬人者一次次消解着社会信任，当道德已无法支撑起一个人的良心，是否要有法律，让他们为自己的行为负责。奖善不等于惩恶，让诬人者得到惩戒，才是对"良善"最好的呵护。

—— 因扶人被诬，孩子获 5000 元"委屈奖"。2015-08-26

恶行的成本太低，而行善的风险过高，使得每一次真相的扑朔迷离，都让全社会的善意和信任裹足不前。老人扶不扶不能只有道德的谴责，我们需要的是鼓励漂亮的制度体系和一次为恶终身记录的社会信用体系。护航爱心，规则才是更值得信赖的依靠。

——又一次因为老人倒地而不得不寻找证人自证清白。2015-09-11

淮南警方认定"女大学生称扶老人被诬"事件属交通事故，这让很多为女大学生鸣冤的网友难以接受。网络似乎让现场没有了距离，然而我们与真相之间不光隔着长长的网线，还隔着好恶与成见。情绪一旦接管理性，我们就只相信愿意相信的事情。

——别急着做道德的审判，给真相一个证明自己的机会。2015-09-21

暴力执法、暴力拆迁

暴力执法抗法频现，城管的职业本意，在于让城市更美好，却为何总与暴力冲突相连？城市是大家的城市，城市管理，需各方参与达成最大公约。唯以沟通化解戾气，以妥协寻求和解，以程序规范执法，方能纾解城管困局。

　　——英山城管遇袭，广州城管被砍，昭通城管殴打盲人，南宁城管围殴学生。2013-03-25

2012 年 10 月 26 日，山西省太原市，城管执法，商贩耍赖。

如果暴力与执法同行、围殴与管理同在，只能给城市秩序带来一地鸡毛，助长官民对立情绪。暴力悲剧警示各地："管理"不能等同"管你"，"权力"应该尊重"权利"；变管理为服务，给弱者以希望，才能走出城市管理困局。

　　——"城管"成为舆论热词，暴力执法有之，冲突致死亦有之。2013-07-28

正常的舆论监督因何屡屡受阻？一些官员为何总是"闻过则怒"？打压批评无助化解矛盾，闭目塞听无异自欺欺人。畅通监督渠道，才能解民意、顺民心、明得失。当思！

　　——因阻挠记者采访城管围殴商贩，山西原平市新闻办主任被勒令检查。2013-09-02

厦门城管执法被泼硫酸，19 名队员灼伤。一起暴力事件，引来的不尽是谴责，也夹杂着喝彩，这种现象值得深思：难道城管注定就是邪恶的代名词、正义的公敌？同情弱者不是不问是非，标签化判断，只会让真相沉默、理智远离。

　　——城管依法行权，商贩依法维权，法律框架下，才有秩序与自由！2013-10-18

占道经营固然不对，但高高在上甚至以商贩的苦难为乐，是不是显得冷酷无情？双膝跪地，是以尊严的名义祈求一线生机；蝼蚁尚且偷生，对人又怎能失去同情？文明执法应该带着人性温度，只有权力尊重权利，才会有真正的城市和谐！

——商贩跪倒在地，城管边笑边拍，唐山街头的一幕让人感愤。2013-11-03

城管执法冲突的惨烈场面令人唏嘘：解不开的心结、化不开的矛盾，究竟根在哪里？谴责暴力，同时提醒：情绪化言行只会助长偏激，标签化判断只会加剧对立。以暴易暴，人人将会自危；遵循法律，才有秩序和自由。

——浙江苍南，又见城管执法引冲突。2014-04-20

补偿争端自应依法解决，深夜毁房的行径，与强盗何异？暴力的背后，有无权力的纵容？地方发展，难处应该体谅，然而，铲车的轰鸣中，切莫忘记法律与良知，切勿失去敬畏与民心！公开真相，严肃查处，请给公众一个交代！

——河南夫妻半夜被拉走，家被强拆成废墟，地方指当事人"漫天要价"在先。2014-08-11

河南拆迁户"漫天要价"被强拆，北京报亭"违章占道"遭移改。不同地点，相似逻辑，折射地方治理现实困境，也再度引发"公共利益与个人利益孰轻孰重"的争执。然而，再高大上的说辞，也不是使用暴力的理由。对抗只会加剧冲突，沟通和法制才能消弭分歧。

——官方少霸气，社会减戾气。2014-08-12

"山东平邑农民被烧身亡"事件尚未平息，真相尚待调查，但以生命为代价的惨痛教训警醒每一个领导干部：为什么中央三令五申之下还有强拆？不要每次出了事才回头找补，简单粗暴的工作作风必须刹住。反省不是终点，法治尽快补上，千万别让悲剧重演！

——山东平邑农民烧死案终现转机，强拆已定性，司法机关也已介入。2015-09-18

放假制度改革

环卫工中暑殒命,交警晒成"黑白配"。心酸的新闻频现报端。天气很难调控,奉献值得尊敬,但权益不能蒸发:带薪高温假几人享受?又有谁为户外劳动者撑起阴凉?落实工资福利、保障休息权益,说好的高温保护,不能仅仅停在纸面。劳动有体面,国家有尊严。

——多地多日极端高温。2013-07-31

当三套方案摆在面前,照例是众口难调。这说明:技术调整,或能纠正拼凑弊端,又怎能根本缓解放假焦虑?提倡错峰休假,才能避免高峰拥挤;实行带薪休假,方可享受轻松假期。制度上寻突破,才会避免左支右绌,这是改革应有的方法论!

——将11天假期合理安排在365天中,这道考题难坏了假日办。2013-11-27

明天究竟有多少人能坚守岗位?网民戏称"查岗假日办",调侃背后,是对除夕放假的呼唤,对亲情团圆的渴望。假日安排固难万全,但也应体谅:发展太快,国人太累,刚性的制度,能否多点人文关怀,为传统留点空间?

——除夕不放假,三十要上班。2014-01-29

体面休假,本是劳动者的基本权利,然而执行起来始终羞羞答答。须知:勤奋工作并非马不停蹄,强调发展也应亦张亦弛。把休闲的选择权交给公众,是对法律的维护,更是对权利的尊重。有会休闲的国人,才有活力中国。

——国务院常务会议要求,落实职工带薪休假制度。2014-10-29

人们如数家珍地计算着有限的假日,折射国人强烈的休假意愿,和休假权利难以保障的现实困窘:城镇化迅猛,带动异乡人的探亲需求;经济高增长,伴随劳动者的加班加点。现实中,还有多少人的日常双休也难保全?少些拼凑,多些坦然。国人轻装上阵,国家才能蓬勃向前。

——2015放假安排出炉。2014-12-16

双休、探亲假抑或高温补贴，单独看似乎都是不值得兴师动众的"小权益"，但日积月累却落下了"大亏空"。"小洞不补大洞吃苦"，破解劳动者博弈成本的不对等，让国人有尊严地休假，体面地劳动。

——施行 7 年多的带薪休假还要靠"强制"，有多少类似的劳动权益，在现实中如此尴尬与无奈？

2015-08-08

社会道德

"最美"女孩走红的背后，是人们对太多灰暗的厌恶，对温暖与亮色的向往。当正能量掺假，透支的是大众同情，伤害的是社会信任。"这是一个最好的时代，这是一个最坏的时代"，向好还是向坏，取决于我们每个人的选择。

——"最美女孩给残疾乞丐喂饭"被曝商业策划，公众爱心遭遇嘲弄欺骗。2013-03-27

湖北巴东，河南中牟，两起村民被碾死事件达成赔偿协议。调查仍在继续，协议匆忙签订，是入土为安，还是"速战速决"？赔偿或许可观，逝去生命又如何挽回？那片土地，是农民生存根基，谁也无权强制剥夺。清明将至，逝者安息。

——用生命博弈，不该是中国发展选项；让法治说话，方能杜绝悲剧重演。2013-04-01

从虐待、弃婴到猥亵、性侵，这几天，伤害儿童的恶性案件接连曝光。人们不敢也不忍想象：还有多少稚嫩的生命，在沉默中凋谢枯萎？罪恶的横行，往往源于权利不彰、责任不明。当底线一再被突破，必须以严刑峻法惩其罪，以不偏不袒问其责。行动吧，就是现在！

——让孩子免于伤害，我们没有退路。2013-05-30

一场口角，两岁女童被无辜摔死；丢失 200 元钱，故意纵火烧死 10 位老人。反观现实，诉求渠道的确不够通畅，理性表达也常常无人倾听。然而，愤懑不满不是伤及无辜的借口。当暴戾蒙蔽理性，当仇恨遮蔽善意，有谁能独得安宁？当思。

——每次悲剧发生，似乎总能从个人际遇中寻找成因。2013-07-26

向善之心不该变得迟疑。你看，广场上千人祭奠，网络上无数怀念，社会的道德温情从未睡去。请铭记：最大的悲剧不是坏人的嚣张，而是好人的沉默；唯有每个人都秉持良知，才能打赢那场拯救道德的战役。共同努力！

——黑龙江女孩胡伊萱扶孕妇回家，反遭猥亵杀害，极端事件刺痛每一个人。2013-08-01

"天使女孩"胡伊萱扶孕妇回家，反遭猥亵杀害；小姑娘为环卫工撑起清凉，却是有偿表演。若人与人不再信任，只会让善心变得怯懦，恶行愈加恣肆。善有善报，才能人人从善如流；守望相助，才能涵养有爱的中国。当思，共勉。

——当善心被践踏、善良被消费，动摇的是整个社会的信任基础。2013-08-02

"教授""政协委员""堂主"，不断披露的信息加深公众疑惑：究竟何方"大师"，竟然施工 6 年无人能管？城市管理需要一视同仁，特权特例只会助长投机与僭越。执法者，请啃下这块硬骨头，莫让规则与公平沦为空中楼阁！

——高楼顶层假山覆盖、绿树丛生，北京惊现最牛违建。2013-08-12

7 死 12 伤，福建闽侯撞人事件演绎血泪悲剧。从陈水总公交车纵火，到冀中星飞机场自爆，难道冤屈只能用报复来倾诉？法律惩罚纵能解恨一时，也无法对负面情绪釜底抽薪。完善矛盾调处、权益保障机制，涵养理性心态，才能根除社会戾气！

——让无辜生命为情绪宣泄埋单，这该是怎样的暴戾之气？ 2014-04-29

无论是何理由、有何诉求，针对普通人的暴行，都是对法律的挑战、对文明的亵渎。暴行无助解决问题，只会制造恐慌、助长仇恨。谴责暴力，期待尽快查明真相、依法严惩。平安中国，是民生之幸、发展之基。

——广州火车站，挥向无辜平民的利刃，带来流血与伤痛，也带来愤怒与反思。2014-05-06

上海车展或将取消车模引热议。车展本为新车舞台，不知何时起，竟变成争"胸"斗"肉"的恶俗之所，比"裸"拼"露"的庸俗之地。所谓推广，绝非贪图噱头、本末倒置。让车展回归本义，让营销捡起节操，这是中国汽车之福。

——当车展变成"肉展"，败坏的是社会风气，冲撞的是文明底线。2015-01-10

宁波中学生因生理期，坐公交车未让座被老人骂哭。新闻引发热议，细节尚待确证，类似现象折射人情世态：面对老人，礼让尊重值得提倡；面对青年，又能否多份爱护体谅？崇高的道德法则，理应在每个人心底闪光。多些理解，多些感恩，这个世界才更好。

——居高临下的道德绑架，只会让良善远离。2015-04-12

信阳 13 岁男孩走失半年死亡，遗体干枯惨不忍睹。究竟是因病去世，还是受虐身亡？福利院可以声称无责，权威部门调查不容儿戏。更应追问：有无按规定寻亲？多名孩子被打是否属实？福利院本为慈善而设，别因混乱的管理，沦为戕害之所。

——生命不能重来，教训必须记取。弥补漏洞，别让悲剧重演！2015-05-02

陕西洛川两岁幼童，竟无辜遭遇暴力，令人发指。同样叫人寒心的，是部分路人的冷漠。最大的悲哀，不是恶的涌浪，坏人的嚣张，而是善的沦沦，好人的沉默。冷漠相向，只会纵容暴力。别让"小悦悦"事件重演！

——伸以援手，或许需要承担风险，但至少，能多些担当，少些伤害。2015-05-07

牺牲是等值的，为什么赔偿却因城乡户口而相差悬殊？户籍壁垒该是多么残酷，在英雄舍生取义之后，还在制造生命的等级？生而不平等，是宿命；死而不平等，则是悲剧。冷酷的现实发出警示：不打破身份歧视，就没有底线平等！

——河南小伙救工友身亡，却因农村户口少赔偿 21 万。2015-05-24

一篇最悲伤的小学作文，刺痛人心。比个体悲痛更残忍的，是那大山里，千千万万孩子的相似命运。贫困、留守、教育缺失，这不仅是一个群体的症，更是社会转型的结。让每个孩子快乐成长，让所有梦想自由飞翔，路或远，但每个有良心的人，都别无选择。

——繁华世界之外，还有无法忽视的人间苦难。2015-08-03

广西隆林人王杰一度被称"大山里的天使"，可令人发指的行径却提醒："善举"背后未必是善意，缺少有力监管，就会有人披着"羊皮"消费公众的善良。爱心的温柔需要坚硬的法律去守护，别让黑暗在"慈善"的外衣下野蛮生长。

——名为"助学达人"，实则性侵女童；打着公益旗号，却干禽兽勾当。2015-09-14

郭美美

今天，红十字会常务副会长赵白鸽放出狠话。经历郭美美等事件冲击，红会的公信力不断遭到质疑。重建公信，没有捷径可言，无外公开透明、回归本位。根植民间、服务民众、无私无偏，才能修复人心、赢得尊重。行胜于言，公众拭目以待。

——两到三年不翻转"黑十字"印象，"我自动辞职"。2013-04-28

红十字会的危机，是信任的危机。修复人心、重建公信，何其难也。常识告诉我们：权力离开监督，必然走向歧途。监督失去独立，必然流于形式。去除神秘，让权力走向阳光；斩断利益，让监督有力有效，才可能有公正公平公道。

——红会社监会明确，今后对红会的监督将全部以"自愿义务服务"开展。2013-06-12

在中国，郭美美的知名度很高。一条炫富的帖子，使一个机构声誉扫地，而她本人却安然无恙。这次她栽了，可还有一个人没有栽。被裁定违法的王林大师，竟逍遥于家乡山水间。倘若总有类似特例存在，难免让人感慨这个社会水太深。

——法律和公信为这些人"背书"，这是何苦？2014-07-11

2015 年 9 月 10 日，北京，郭美美案宣判后被法警带走。

三伏天给海南灾区送棉被。这样一条新闻，让红十字会再陷舆论旋涡。质疑者有之，声讨者有之，却少有人求证：对部分灾区来说，棉被对御寒防潮是不是确实必要？逢红必反，有它的理由，但如此标签化认知，会不会也遮蔽了事实？就事论事，实事求是，互联网时代，这不能成为稀缺品！

——三伏天给海南灾区送棉被让红十字会再陷舆论旋涡。2014-07-21

郭美美被起底，那些流传已久她与红会间的种种传闻，终被证明子虚乌有。然而，对红会而言，重建信任依然任重道远。公众所求，不过是公开透明。大灾当前，忘掉那个恶俗的名字吧，请红会用行动为自己正名。每一分善款都不可辜负，自己站在阳光下，才能汇聚更多善意。

——红会之痛是公信之痛。2014-08-04

一个炫富女（郭美美），竟让"百年老店"轰然坍塌，这本身就值得思量：躺枪背后，有多少社会的流弊，又有多少自身的原因？重建公信、重拾尊严，唯有真诚面对、公开透明。失信会在一瞬间完成，信任却靠一点点积累。红十字会，看你的了！

——曾经的"救火队长"，数年来苦心经营，赵白鸽的卸任令人感慨。2014-09-02

干部公德

官员自曝，在位时其子年收压岁钱数万，退休后无人登门。新春佳节，难免礼尚往来。然而，当人情夹杂钱权交易，红包变身贿赂手段，根除节日腐败，不能仅靠官员自觉，更需将权力关进牢笼，以制约制衡挤压寻租空间。让人情回归纯粹，让权力走进阳光。

——令人感慨世态炎凉，也一窥腐败乱象。2013-02-12

从湖南27岁副县长，到安徽22岁团委副书记。最近，年轻干部破格提拔频遭质疑。公众忧虑的不是年龄，而是选拔的"背景"。显规则不落实，潜规则就有市场；投机者总得利，老实人就会吃亏。防止破格沦为谋私捷径，需公平标准、民主监督。

——规则公平机遇公平，草根才有梦想，社会才有正气。2013-05-20

外交部长王毅换乘国产红旗 H7，两个字：支持！不知何年何月起，豪车洋车竟成公权力的符号、官本位的象征？自主汽车品牌，承载国家梦想、民族荣光。让国产车成为官员"标配"，少些贪贵求洋，多些"红旗"飘飘，官员才有面子，国家才有尊严。

——官员优先乘坐自主品牌车，这本是多国通例。2013-06-17

副省长微博引争议，刘嘉玲照片受围攻。应深省：顺乎吾心，便全盘肯定；逆于己意，就棍棒相加，当情绪左右思考、立场取代理性，除了相互伤害，还能剩下什么？对骂攻讦只能加剧撕裂，包容理性才能弥合分歧。有话好好说，行吗？

——网络正使这个世界扁平透明，官员与名人当谨言慎行。2013-07-29

正式工变身包工头，编制内外两重天！最该谴责的，不是编制内环卫工的投机取巧，而是缺失公平的制度设计。身份不同，待遇迥异；一样工作，两种人生。打破身份壁垒，让每一滴汗水都有平等的价值，才能抵达公平。

——郑州部分编制内环卫工，雇临时工替自己干活，无所事事月入 3000 元。2013-08-14

一些领导干部抱怨"听不到真话"。也许，这并非权力的矫情，恰是现实的尴尬：平日说大话听赞歌，如何让人真心以待？每每亲小人远君子，怎能让人畅所欲言？听真话，要有闻过则喜的态度，更须强化制度安排，创造条件让人敢说真话。一句真话，比整个世界的分量还重。

——为政者，请亮出你的胸怀！2013-08-17

千家万户水满为患，竟有干部连水都不愿沾；本应是公仆，却总是高高在上，这种典型的形式主义和官僚做派，怎能不让人心寒。当警醒：权为民所赋，只有视民如伤、敬民为上，才能赢得人民的信任。当思当戒！

——浙江余姚三七市镇某领导下乡视察水灾，由村支书背进村民家里。2013-10-14

无视民生疾苦，这是怎样的冷漠？更何况，访民本人身罹癌症，需要更多关怀。信访干部本应排忧解难，怎能以成功截访为乐？信访制度更应成为官民联系的脐带，岂能异化为扩大矛盾的触媒？一心为民，才会消融冷漠；依法维稳，才能弥合矛盾！当思当戒！

——湖南信访干部与访民合影，摆胜利手势。2013-12-02

包子、炒肝、青菜，包子店标准配置；排队、交钱、开吃，市民标准流程；偶遇、拍照、发微博，网民标准动作。习近平排队吃包子令人感慨，也是在提醒：官员本是百姓一员，何来高高在上？官不觉官，民自为民，才是应有的政治生态。

——这样的遇见，现在还是新闻；这样的遇见，以后可成常态。2013-12-28

一道道禁令迭出，直指官场陋习、制度漏洞。权力本就该装进笼子，运行于法制轨道之上，轨束于监督环境之下。一旦失去制衡，无拘无束，无异出笼猛虎。当官不自由，自由莫为官，谨记！

——领导干部公共场所吸烟，将被批评教育；谎报瞒报个人事项，一律不得提拔任用。

2013-12-29

"3·21"平度纵火案告破，疑问依然难解：征地是否合法合规？票选产生的村干部，何以与开发商狼狈为奸？平度案并非孤例，暴露出基层治理的深层问题：若权力受利益驱使，用暴力开道，受害的是农民，动摇的是根基。以平度为戒，警醒，反思！

——权力受利益驱使，受害的是百姓，动摇的是国家根。2014-03-26

社会热点

专家最近宣布，经三级指标体系测评，民族复兴任务已完成 62%。然而，当湖南永州遭强暴幼女的母亲因上访被劳教的新闻传出，这一数字显得如此苍白。一个国家的强大，不应只有 GDP 和奥运金牌，复杂的数理模型中，更应包含百姓的权利与尊严、社会的公平与正义。我们共同努力。

——民强则国强，民富则国富。2012-08-05

大众的唇枪舌剑中，一种现象令人担忧：什么时候，我们失去了理性对话的胸怀和耐心？什么原因，人群分成圈子，甚至南系北系、这派那派，从此不见守望相助，只剩龙争虎斗？共同生活的这片土地，正经历深刻转型，是走向聚合还是分化，取决于你我的选择。

——一个乞讨排行榜，演化出一场舆论风波。2012-08-21

从"江苏启东"到"云南巧家",从"永州妈妈"到"讨薪娃娃",最近几起公共事件,见证公众监督的力量。尽管声音刺耳、感觉刺痛,但正是这份痛感让执政者保持敏感,进而催生改进动力和更新活力。以包容心态对待不同意见,以变革勇气直面时代挑战,我们将拥抱一个凝聚奋发的中国。

——我们需要包容的心态,变革的勇气去面对时代的挑战。2012-08-23

河南信阳明港镇巨资建政府楼被质疑,回应称"超前规划是最大节约"。这背后,是对政府规模的扩张预期。但此预期,背离改革方向。中国当下需要的不是政府无限扩权,而是对权力边界的限定。超前规划中,更应绘出学校、医院和下水道,而非光鲜大楼。

——政府归位,则市场归位、社会归位。2012-09-04

国际航班上大打出手,高速公路边哄抢葡萄,接连曝光的不文明事件,引发国民素质的讨论。一种现象出现,固然有社会原因,可也不能把所有过错都推给时代。国家是国民共同体,你我都是国家形象、时代面孔的塑造者。一个人左右不了时代,但可以左右自己的言行。

——改变身边,即是改变中国。2012-09-06

砸车、打人、扇耳光;脑残、蠢货、TMD。最近,从平民百姓到大学教授、社会名人,此类言行此起彼伏。当正义之声夹杂暴戾,"真理优越"变成拳头,我们都要自省:斯文扫地的羞辱、居高临下的嘲讽,只会导致分化对立、人人自危。

——重塑族群信任和时代气质,是政府责任,也是公民义务。2012-09-20

"黄灯"引发的各说各话,让新交规的权威受到挑战。说一不二或能维护权力威仪,可一旦对立取代对话,失掉的将是人心所向。分歧面前,权力越是谦冲,越能赢得尊重。为民意留出席位,就是为改革赢得空间。期待新交规的施行,成为官民互动范例。

——交管部门说事故减少,网友抱怨追尾增多。2013-01-03

恶性冲突事件多发易发,固然是转型社会阶段性特征,可当对立对抗取代沟通对话,也当警惕:以力角力、强势压制或可收一时之效,却会使怨戾之气沉积郁结。这个世界没有无缘无故的刁民,理性与和解需要共同达成,更需要权力学会倾听、懂得尊重。

——机场延误引发暴力,七旬老太遭遇强拆。2013-01-05

有错即改，这是一种进步。石化项目引发的争议，固然有损昆明的形象，然而，防民之口甚于防川，只会使裂痕加深、矛盾积累。以包容心态对待不同意见、以开放姿态充分沟通协商，才会避免对立冲突、修复官民互信。愿昆明春和景明。

——在网民和舆论关注下，云南安宁收回"口罩实名令"。2013-05-25

公众等待一个负责任的评价报告，更期待公共决策能收获善果：政府不再命令式思维、压制式维稳，而是对等式沟通、参与式治理。这或许影响行政效率，却会抚平民意、修复公信。权利意识不容漠视，权力运行须跟上脚步。为政者当思。

——昆明市长承诺，云南炼油项目环评近期公开。2013-06-02

近日，豪华办公楼、"土豪"办公室时有曝光。不同豪华登场，更让人怀疑究竟是公仆还是老爷？当权力失去约束，欲望的信马由缰势必导致享乐与奢靡。当警醒：自我监督无异失去监督，唯有制度约束，才能锁住权力的冲动！

——各种超标选出，如何兑现"政府紧日子换群众好日子"的承诺？ 2013-10-30

从留学热到回国潮，不仅源于爱国情怀，更因国内发展机会增多、社会活力蓬勃。祖国需要人才，人才何尝不需要祖国？改革大幕开启，唯有进一步实现机会公平，才能对海外赤子形成更大感召力，让那个内心深处的召唤更加动人：愿相会于中华腾飞世界时！

——近 5 年，"海归"人数是前 30 年总和的近 3 倍。2013-11-19

北京对"禁止自带酒水"等霸王条款宣战，公布举报电话并限时纠正。清除由来已久的积习，需行业自律，消费者坚定维权，更需监管部门主动作为。北京已然行动，其他城市是否也该跟进？餐饮业之外，其他领域怨声载道的霸王条款是否也应根除？

——规则公平，方有博弈公平、市场公平。2013-12-09

在北京工作，在河北睡觉，跨省生活双城计，诉说拼在大城市的努力，也写着活在大城市的不易。北上广的机会与拥挤，小城市的安逸与寥落，似乎是无法两全的选择题。缩小地域差距，均衡公共服务，让拼搏多些选择，让成功不必背井离乡。

——奋斗和向上的社会，不该从早起的那一刻，就写满艰辛。2013-12-21

新出台的干部选拔任用条例，再念"紧箍咒"。权为民所赋，没有人民认可，哪有资格为官？权为民所用，将妻儿送走，又怎能期待踏实为民？查贪腐，清除"有病干部"；严任用，拒绝"带病提拔"。子帅以正，孰敢不正？

——配偶子女移民，这样的干部不得提拔。2014-01-16

《新闻联播》结尾晒出网友全家福，被赞"史上最暖心"。一二三四、套话连篇……多年来，陈旧死板的宣传令人生厌。公众反感的，是居高临下的表达，更是背后透出的官僚作风、权力傲慢。家国梦想，本为一体。点滴开始，说真话、说新话、说人话。这样的沟通，不是更好？

——官话民话，何以有别？2014-02-06

"PX冲突"一再上演，以两败俱伤的结果警示地方官员：涉及公众切身权益的决策，只有以沟通促成共识，以透明提升公信。

——相似的场景，相同的结局。只不过，这次换成了广东茂名。2014-03-31

6天被改36次，清华学生昼夜捍卫PX词条"低毒"说明。PX到底该不该建，问题可以讨论，共识也应达成：决策事关重大公共利益，民意必须得到尊重，科学同样不容亵渎。

——说明，是政府的责任；了解，是维权的基础。2014-04-06

网传阿拉善左旗有人活埋流浪狗，当地城管否认。政府管理不能流于粗放，更不能只顾收钱，最终靠简单粗暴的执法方式解决问题，必须建立规范、精细、人性的管理制度，这是对狗负责，更是对人负责。

——无论事实如何，越来越多的流浪狗，已经成为无法回避的社会问题。2014-04-27

这个五一假期，扎堆休假的弊端再次显现。不禁要问：放假何时不再东挪西凑？落实带薪休假还有多远？勤奋工作不是马不停蹄，快速发展也应张弛有度。当以刚性制度，保障劳动者自主休息的权利。一个会休息的中国，更有魅力！

——京藏高速拥堵55公里，西湖断桥只见人头不见桥头。2014-05-03

炎炎烈日下，许多人坚守岗位。然而，调整作业时间、发放高温补贴，在许多地方仍难完全落实。与其一味赞美辛劳付出，不如保障劳动者的法定权利，为高温中的人们撑起制度"遮阳伞"。这是人文关怀，更是法律责任。夜安。

——大范围"烧烤模式"猛然开启，多地高温屡破纪录。2014-05-29

北京环境监察部门与国家文物局究竟是双方沟通不畅，还是对污染讳莫如深？无论如何，政府部门都应配合执法，更应树立文明榜样。当铭记：国家机关的牌匾，不是拥有特权的借口；公共利益的代表，更应成环境保护的先锋！多些守法意识，少点衙门作风。当思当省！

——北京环境监察部门突查国家文物局受阻，风波闹得沸沸扬扬。2014-06-04

玉林狗肉节闹得沸沸扬扬，力挺者以"传统"为据，理直气壮；反对者以"文明"为由，义愤填膺。吃与不吃可以辩论，然而，再高尚的动机，也不是谩骂攻击的借口；再先进的理念，也要懂得理解与宽容。

——学会表达、学会协商，避免将文化冲突变为社会冲突，才是真的文明。2014-06-21

审计署报告显示：近2亿扶贫资金被冒领或挪用，多部门不当牟利30亿。触目惊心的数字，体现审计力度之强，也让人追问："审计风暴"年年岁岁，何以"猛料"岁岁年年？审计之后，谁来担责？如何保证不再重犯？期待监督更到位，制度更给力。

——别让"审计风暴"变审计疲劳，冷淡了民心期待。2014-06-24

貌似有理的托词，却经不起推敲。新闻采访是正当权益，如此强势阻挡，遮掩的究竟是个人形象，还是心底的虚弱？少点傲慢与骄纵，多些诚恳与谦恭，学会在监督环境下工作，这应是权力运行必修课。某些官员，请赶紧补课！

——记者采访矿难拍照留证，副市长要求删除照片称"我有肖像权"。2014-07-19

访民的极端行为不可取，但也应追问：明明存在问题，何以"正规途径"未能解决？是谁逼得他们如此决绝？这也再次提醒个别官员：民众有了出气口，社会才有安全阀。别等悲剧酿成才引起重视，别等乌纱不保才懂得敬畏民意！

——七位访民集体喝药维权被刑拘，地方政府被查确存违规，官员受查处。2014-07-28

光天化日下，保护动物变身饕餮大餐，残忍画面令人心痛：当吃野味吃成风气，监管去了哪儿？"中国人有钱吃得多"，这样的话又怎不教人难堪？地球只有一个，吃、吃、吃，一时贪欲，毁掉的是共同家园；出名的"中国食客"，丢的是国人的脸。陋习，改改吧！

——中越边境惊曝盗卖食用野生动物。2014-10-26

报告显示我国9成行业周工时超40小时，过度加班成社会焦点。当无休止加班司空见惯，也应反思：失去健康的身体、从容的生活，发展又为了什么？当以制度保障，把休息权还给劳动者。劳动多些尊严，中国更有活力。

——数字揭示尴尬现实：中国高速增长背后，是劳动者的超常付出、时间透支。2014-11-29

崇高的荣誉，无法挽回年轻的生命，谨此告慰忠勇的灵魂。这是一个解构英雄的年代，在一些人那里，务实重利代替了舍生取义；这又是一个渴求英雄的年代，滚烫的热血，激起多少人内心深处的感动与情怀？生命无价，牺牲无价。今夜再道一声：英雄安息！

——哈尔滨5名殉职消防战士被授予烈士称号。2015-01-05

一名歌手的不幸离世，意外引发一场公器与操守、媒体与伦理的论战：当"头条冲动"伤害个体尊严，职业的底线在哪里？所谓"偷拍"，真相细节尚待明朗，然而，对他者的尊重，对良知的敬畏，理应成为你我坚守的共识。

——美丽的灵魂已在天堂歌唱，愿人间多些美好与宽容，少些浮躁与喧哗。2015-01-17

春节将至。近来几则与讨薪相关的新闻，却令人悲怆而寒心：河南民工周秀云"非正常死亡"，四川13岁少女袁梦命殒高楼。欠债还钱，自古天理；禁止欠薪，早有明令。为何多年顽疾不绝？依法整治，依法维权。有关部门，请帮农民工挺直腰杆，过个好年！

——无理欠薪，损害的是劳动的尊严。2015-01-25

工商总局与淘宝孰是孰非暂无定论，"口水战"折射社会进步：政府不再高高在上，企业不再唯唯诺诺。你要我合法经营，我要你依法管理。可以对话，莫忘初衷：政企不是对头，假货才是敌人，以良性互动净化市场环境，这才是消费者之福。

——国家工商总局发布网购监测结果，淘宝先是叫屈，继而"叫板"。2015-01-28

春节前夕，习近平重返延安插队村庄，赤子之心、为民情怀，感动的岂止是梁家河村民？这种情怀，体现在"习式"执政的点点滴滴，正是一个政党保持生命力的根本所在。不忘初心，方得始终，愿每位干部心中都有一个梁家河！

——给父老乡亲带去年货，用陕北方言与老乡交流。2015-02-16

博士生返乡笔记网上爆红。感同身受的无奈引发共鸣：物质压迫下的乡村，是否远离了宁静、失落了亲情？城镇化急速向前，渐行渐远的，是乡土中国的背影。时光终究无法回到从前，寻找失落的灵魂，唯有发展，唯有向前。

——莫因走得太远，忘记了我们为什么出发。2015-02-25

这两天，一个词"创客"火了。人们热议也在憧憬：中国的车库里，何时能生长出自己的"乔布斯"？市场经济的活力，归根到底在于千万个体的激情。用法治打造公平环境，用规则护佑草根创业。人人有梦想，中国有希望！

——人人有梦想，中国有希望！2015-03-13

"3·15"打假晚会如期登陆央视，这是对消费者权益的呵护，更是对市场规则的捍卫。然而，媒体曝光毕竟只是随机选择，并不能包打天下，只有制度发力，才能功在平时、穷极所有。只有天天都是"3·15"，才能没有"3·15"！

——路虎变身"拦路虎"、汽油含有甲缩醛、4S店小病大修。2015-03-15

1万危改补助，到手只有5000。如此雁过拔毛，叫人怎能不气愤？民众身边的蛀虫，为害尤甚。克扣的是民脂，侵蚀的是民心，诱发的是民怨。严格执法，严肃查处，别再让惠民政策卡在"最后一公里"。

——媒体披露，一些地方，中央下拨农村危改款竟被非法侵占。2015-03-22

中央发布意见，理顺劳动关系、保障职工权益。缺少休假、恶意欠薪、连续加班，现实中，有多少被侵害的劳动者，成为沉默的大多数？完善政策，更要切实执行。用法律保障劳动者"讨价还价"的权益，劳动更有尊严，发展更有活力！

——发展，终究是为了人的幸福。增长，不能再以损害为代价。2015-04-09

前有河南鹤壁科长办事大厅"因糖尿病嗑瓜子",今有濮阳民警上班带小孩、骂百姓"傻了吧唧的",奇葩作风让人寒心。冷落办事群众,这是失职;辱骂百姓,更是丧失基本官德,怎能不给"差评"?涵养以民为本的服务理念,显然还需更多灵魂"大扫除"。

——权小责大,必须走心。2015-04-14

从尼泊尔的地震肆虐,到也门的炮火纷飞。废墟之上,中国飞机最先抵达;炮火之中,中国军舰不负人约。不以山海为远,不以地震为险,对每个国民的珍视,诠释着祖国的价值。中国,为你点赞!

——"祖国带我回家"温暖着中国人的心。2015-04-27

劳模中,一线职工占比提升,让"官模""款模"难觅踪影;农民工人数增多,给了流动人口更多激励。细微变化,折射出"一切劳动都值得尊重"的国家理念,也表达着一种朴素的愿望:有梦想,有机会,肯奋斗,一切美好的东西都能创造出来!

——今天,2968名全国劳模和先进工作者受到国家礼赞。2015-04-28

公共交通的大门向导盲犬敞开,是对视障人士出行权利的保障,更折射出社会管理的包容和进步。尽管还需要卫生、安全等配套,但迈出第一步已弥足珍贵,毕竟,一个社会的文明水平,关键看如何对待弱者。为导盲犬加油,为正能量点赞!

——今天起,全国火车、北京地铁都将允许导盲犬进入。2015-05-01

这两天,成都女司机被卷入舆论旋涡。剧情的反转,不该掩盖对事件的理性反思。互相别车,增厚不了驾驶文明的的土壤;拳脚相向,只会加重公共生活的戾气。古人讲,吾日三省吾身。现代生活,同样如此。唯能自省,方有文明;唯有节制,方显美德。

——自省,不是迁就;节制,不是懦弱。2015-05-05

储户为高息所诱,防范意识薄弱,然而银行正式工却趁火打劫,明知高息揽储违法而为之。储户丢钱,银行摊手一推了之,岂非怪事。储户是衣食父母,也是真正的弱势群体。是疏于管理,还是纵容包庇?请直面问题,重拾信任。

——千万存款只剩124元,石家庄数十人存款莫名失踪,银行竟称没有责任。2015-05-19

五男童闷死垃圾箱事件曾震惊全国，毕节昨夜再生惨剧。"逐一排查，防止类似事件发生"，当年的承诺又成了句口号。亲人不管、救助失灵，凋敝的乡村，深藏着多少孤独与无助？亏欠孩子，就是葬送未来。彻查追责，许留守孩子一个健康的童年！

——贵州四兄妹疑喝农药身亡，最小才 5 岁。2015-06-10

投毒的事实尚待调查，如花生命的凋零却提醒：孩子的世界本该无忧简单，这些悲剧与残忍是否是成人世界的投影？问责救助制度，质疑教育缺位，更别忘了：唯有倾注更多的爱和关怀，才能呵护本应天真烂漫的心灵。

——前有贵州毕节四兄妹喝农药自杀，今又曝出湖南衡阳两姐妹中毒身亡，投毒嫌犯年仅 12 岁。

2015-06-13

不论"禁饮"还是"禁食"，将心比心地考虑周围人感受，用一点公共场合的"不方便"来换所有人的方便舒心并不难。社会公德的形成可以靠规定强制，但根本在于每个人公共意识的觉醒。摆脱对国人"有私德无公德"的批评，正要从你我做起。

——在地铁上喝饮料该不该被罚？网上意见吵得不可开交。2015-09-28

没有全面脱贫，就难有全面小康。资源匮乏，教育缺失，贫困是顽疾，却并非无药可医。弥补先天不足，构筑保障体系，授之科学技能，将有限资源更多指向贫困人群。为山乡不再偏远，为家园不再脆弱，加快脚步，向贫困宣战！

——距 2020 年全面小康目标不到 6 年，尚未脱贫的中国人口还有 7000 多万。2015-10-12

生活

谣言之害有目共睹，严厉打击实属必要。同时当明确：解决网上问题，还需网下努力。有时，正是一些官员闪烁其词、沉默是金，才给谣诼流布留出空间。实事求是是认知法则，也应成为政府言行守则；公开透明是时代大势，也应为治国理政所遵循。

——打击网上造谣传谣，一批微博账号被关。2013-05-02

媒体调查，7成人表示春节在家陪父母仅一天。觥筹交错间，有多少父母的期盼、家人的落寞？年的本义，是亲情的团聚。再多忙碌，家是起点；再多奋斗，家是归宿。明天，假期最后一天，请把时光留给家人，莫让亲情相守成奢望。有美满家庭，才有幸福中国！

——见不完的亲友，推不完的应酬。2014-02-05

当手机日益成为大众生活的一部分，当资费下降、用户至上成为移动时代的大势所趋，至少说明：靠资费维持高速增长的赢利模式已难以为继，电信运营商该转型了。

——"中国移动香港套餐"引发吐槽。2014-04-02

中国2亿台计算机开始"裸奔"，从政府部门到寻常人家，信息安全疑云迅速蔓延开来。第三方软件纵能暂时杀毒，也不能替代操作系统的更新，缺少核心技术，如何不仰人鼻息？XP退役是反思契机：有自主创新，才有竞争优势；有自主产权，才有信息安全！

——XP操作系统今起退役。2014-04-08

互联网应用最广的加密技术OpenSSL近日曝出漏洞，数亿网民面临信息泄露风险。尽管漏洞得到及时修复，反思却不应止步：信息可以井喷，但安全不能裸奔；网络可以扩展，但隐私不容侵犯！大数据时代，不仅要快快的速度，更要稳稳的安全！

——信息爆炸是把双刃剑，便捷伴随着风险。2014-04-10

围绕华润宋林展开的"剧情"，再次见证微博的力量。这个降临中国5年的社交平台，拓宽了民意表达渠道，增进沟通交流，也扩大对立分歧。愿官民合力，爱护微博这个意见共同体、情感共同体。

——前天被举报，昨天忙辟谣，今天被查处。2014-04-17

20年，互联网把麦克风交给每一个人，成为民意表达新渠道、参政议政新平台。然而，快速传播也带来信息失真，表达观点也伴随观点极化。爱护互联网，官方要多些包容心态；珍惜话语权，你我要学会理性表达。愿官民合力，激发更多网络正能量！

——今天，中国互联网迎来20岁生日。2014-04-20

刷屏强迫症，回复抑郁症，朋友圈方便了社交，却也增添了焦虑。我们需要那么多信息吗？我们真那么关心他人生活吗？信息过剩的时代，做些减法，让信息沉淀，让心灵也享受片刻的独处与安宁。

> ——无尽的评论点赞，让生活变得琐细，却未见得拉近人心的距离。2014-04-28

中国抑郁症患者达 9000 万，每年 20 万人因抑郁自杀。快速奔跑的国人，总有太多压力要抗；重压下的你我，可曾记得初心的方向？以人为本，理应包含对国民心理健康的关照；现代化的中国，莫忽略对心灵的抚慰。民众轻装上阵，国家才能蓬勃向前。

> ——可防可治的"心灵感冒"，何以演变成难愈的顽疾？2014-05-10

30 岁未"成功"，这辈子就"玩完"。的确，现代化浪潮滚滚向前，转型期阵痛在所难免，全民焦虑，带着时代的必然。可生存与发展，不能仅与疲惫相伴。"累"成为时代注脚，"幸福"就渐行渐远。平衡生活，摆正心态，青年放下包袱，国家才能轻装向前。

> ——"速成功"理念，催生未老先衰的青年。2014-05-12

当来自近百个国家的千余名嘉宾，聚首一个东方国家的古老小镇，这本身就是一个隐喻：世界越来越平，互联网不应属于少数国家和少数人，它理应属于全人类。互联互通是目的，共享共治是保障。无论如何，合作才是趋势，开放才有未来。

> ——首届世界互联网大会乌镇开幕。2014-11-19

江苏一对父女 35 年在同一地点合影，照片红爆网络，网友高呼"戳中泪点"。现代化社会，流动太快，有多少家庭，在年复一年的相隔千里中，淡漠了相守，消磨着思念？亲情不可辜负，尽孝不能等待。

> ——"父母在，不远游"，早已成为田园诗意的怀想。2015-02-07

春节未到，手机上各路"抢红包"热火朝天。抢到的晒红包，没抢到的忙吐槽，电子红包俨然成为时代新年俗。"年"的形式在变，不变的是国人心中难以割舍的团圆梦想、国泰民安的红火期望。也当提醒：比电子红包更重的，是现实中的亲情相对、阖家团圆。

> ——羊年春节，放下手机，多些陪伴！2015-02-13

羊年春节,"抢红包"火了。时代在发展,传统习俗理应与时俱进。然而,当数字化表情取代了朋友围坐,当"摇摇手机"取代了笑语欢声,也应提醒:人与人的情感,终究离不开面对面的温暖。莫让对虚拟的专注,冷漠了现实的亲情。

——块儿八毛的惊喜,你来我往的利是,让亿万网民乐此不疲。2015-02-21

信息社会,网络已成基础设施。网速慢网费高,何谈"互联网+"?平心而论,国家大,基础薄,电信企业和管理部门尽了力。也应看到,差距就是潜力。拿出真招实式,让基础设施更给力,市场竞争更充分。还利于民,才是根本!

——李克强总理敦促提网速降网费,说出公众心声,引来好评如潮。2015-04-15

人人向往更好的可能,说走就走的率性令人羡慕,然而,坚守与执着同样值得称道。无论是走是留,只要心向远方,哪里都有美景。唯愿流动更通畅,保障更健全。让公平的阳光普照,每个梦想都尽情绽放。

——"世界那么大,我想去看看。"一封寥寥几字的辞职信,荡起多少人心间波澜? 2015-04-16

真实的90后究竟什么样子,不靠谱?非主流?其实接触过他们就能发现,这是个性但不任性、独立但不功利的一代人,他们身上打着互联网时代多元、前卫、自我的烙印,但同样传承着追求品质、追求梦想的奋斗基因。没有哪一代人的青春不值得尊重!

——90后的青春,同样经得起期待和掌声。2015-04-17

提速降费、流量不清零,今天的国务院常务会议再传"强音"。这是敦促,也是提醒:信息时代,网络高速畅通,既有利创业创新,又方便百姓生活。加紧落实,一件接着一件办,还利于民,还能更给力!

——以公平开放的市场助力经济,以一抓到底的韧劲惠及民生,这是公众期待,也是政府责任。

2015-05-13

流量不清零,让用户得实惠,可仍有多项举措,成网友"槽点"。诚然,业务规模庞大,从定方案到全落实,需要一定时间。可推进电信市场开放竞争,是大势所趋。以主动姿态满足用户需求,以更多真招实式提升降费提速空间,让利于民,步子还能迈大点。

——三大运营商公布降费提速方案。2015-05-15

习近平在中央统战工作会议上强调，要加强和改善对新媒体中代表性人士的工作，建立经常性联系渠道。互联网正使这个世界扁平透明，指尖滑动间有真知灼见，也有情绪宣泄甚至谣诼流布。以法律底线规范观点表达，以交流沟通凝聚人心力量。

——网络空间越清朗，生活越多正能量。2015-05-20

成本几乎为零，却干得年入百亿，收了20多年的漫游费为什么还在收？消费者的容忍终有限度，中央政府也在敦促提醒：垄断或可收获一时红利，竞争才能赢得长远发展。漫游费，该寿终正寝了！

——收费混乱、纠纷不断的背后，是通信价格与服务的畸形背离。2015-05-21

出访拉美，总理也放不下网速问题。这是一种自嘲，也是再次敦促：在"互联网＋"风起云涌的今天，网速不仅关系亿万网民福祉，更关乎产业结构升级换代。提速降费固然需要一些条件，但主要看责任担当和改革决心。有关各方，听懂了吗？

——总理夸赞智利网速快，是在忧心中国网速慢。2015-05-27

企业的市场调整需要一个过程，但一个月也不可谓短，为何仍在延宕时日？别让期待成空，该拿出点实际行动了！

——宽带"降费提速"满月，但是多地方案未落地，部分仍无时间表。2015-06-16

移动互联网是创新风口，但无论"互联网＋"什么，都依赖网络基础设施与服务的强劲支撑。改革不能不动既有利益的奶酪，你不主动，科技浪潮也会逼你动。以主动姿态满足用户需求，提速降费的步伐还应再快一点，还利于民还能更给力！

——千呼万唤，三大运营商宣布下月开始"当月流量不清零"。2015-09-29

教育·科学

——教育不是产业是事业，
科学也绝不是一种自私自利的享乐

教育

教育改革

准入门槛太高，实施难度太大——异地高考进入实质操作，议论和担忧纷至沓来。这就是当下改革面临的现状：利益主体各有诉求，社会舆论各执一词，得过且过的逃避和乌托邦式的苛求并存。对于改革者而言，既需要精巧平衡的智慧，更需要锐意进取的担当。

——转型中国，问题矛盾不能击鼓传花。2012-09-07

北京拟将高考英语从 150 分调到 100 分，语文从 150 分调到 180 分。英语固然是国际化的工具，但是权重太大，母语反受冷落，是否走向另一个极端？一个民族的语言受到冲击，文化传承岂能独善其身？北京的中高考改革是纠偏努力，也是信号。

——崛起的中国，当科学认识英语、自信对待母语！2013-10-21

高考改革方案千呼万唤终落地，蕴含鲜明指向：更均衡、更公平。尽管问题多多，高考仍是人才选拔"最不坏的游戏"，多少寒门子弟因此改变命运走向？系统改革，尚须细细落实。用更好的高考，呵护朴素信仰：努力就能改变命运，奋斗就会放飞梦想。

——莫忘初心：教育当以公平为本！2014-09-04

深改组召开会议，提出发展乡村教育，"阻止贫困现象代际传递"。承诺让人温暖也令人深思：教育，是民族强盛之基，也是社会公平之始。让每个孩子得到平等的教育，让每个梦想都能自由飞翔。这是人民的期望，也理应是改革的指向。

——多少寒门子弟，因贫苦失去了改变命运的通路？2015-04-01

家长带孩子参观豪华别墅，以此激发成功欲。六一前，这样的新闻让人感叹：金钱或许是丈量成功的尺度选项，却并非多彩人生的唯一颜色。拜金主义，浇灌不出绚丽的精神花朵；功利思想，增厚不了成长的心灵河床。"毋戚戚于功名，毋孜孜于逸乐"，培养什么样的孩子，决定我们有怎样的未来！

——拜金主义，浇灌不出绚丽的精神花朵；功利思想，增厚不了成长的心灵河床。

2015-05-31

教育公平

奥数与升学脱钩——今天，北京市教委的表态措辞严厉，30所中学的承诺也掷地有声。然而，对无力拼爹、拼钱的家庭来说，拼奥数仍然是不忍割舍的阶梯。奥数难降温，根在教育不均衡。教育是社会公平的起点和基石，推进教育公平，政府要当发动机。

——只有人人机会均等，才有人人选择奋斗。2012-08-29

15岁外地女孩微博约辩争取在沪中考，北京异地高考方案在争论中初步完成。利益博弈背后，指向教育公平的改革艰难推进，追求机会均等的渴望不可逆转。当下中国，正孕育一场社会转型：更均衡、更公平、更正义。

——从教育公平开始，莫让寒门难出贵子，期待英雄不问出处，这是中国梦的起点。

2012-12-03

饿了啃一口干面包，困了趴在桌上打个盹，"史上最难就业季"，几百万大学毕业生奔波在求职路上。可以承受辛苦，可以铩羽而归，只是别让户籍、性别、年龄和家庭背景，浇灭他们心中的梦想。

——规则公平，人人才会选择奋斗；机会公平，中国才会朝气蓬勃。2013-05-29

网络乍现北京亿元学区房，每平方米32.5万的天价，令网友惊呼"宇宙中心"，也感叹名校距平民之远。读书改变命运，上个好学校，不应成炫富竞赛和拼爹游戏。呼唤更多的教育投入，更均衡的教育资源。教育公平，是社会公平的起点。

——金钱堆出的门槛，折射优质教育的短缺、现行规则的无奈。2013-06-20

有教授建议，北京户口与考试挂钩；有媒体报道，倒卖北京户口最高达 72 万元。户籍制度有历史因由，大城市一夜放开也不现实，但改革不能止步：消融户籍坚冰，才能缓解户籍焦虑；打破身份歧视，才有公平正义！

———追求平等，户籍却把人贴上身份标签；崇尚公平，户籍却让资源按身份分配。

2013-10-16

本为"堵条子"（代指通行证、欠条等证明材料），却成"拼房子"，政策衍生效应让人担心：若好学校由价高者得，何谈教育公平？难道寒门子弟，注定与优质教育渐行渐远？义务教育是人生起跑线，不应沦为财力多寡的比拼。教育均衡，机会均等，才有真正的起点公平。

———就近入学引发北京学区房价暴涨，一平方米竟炒到近 30 万。2014-04-09

媒体曝光河南高考"枪手"出没，事实细节令人震惊。从进场到完考，多个环节形同虚设，其间隐藏多少蝇营狗苟？也难免令人联想：这是否只是冰山一角？枪手背后谁在撑腰？期待彻查严办，还考生一个公道，给公众一个交代。

———倘若连高考都被权力和金钱亵渎，还有什么能承载公平和公信！2014-06-17

辽宁本溪体优生疑云未散，又曝河南某高中 74 人获体优加分。加分本为鼓励特长生，何时竟变成投机取巧的捷径、权力寻租的良机？公众质疑的，不仅是几个体优生的资格，更是背后的重重黑幕：加分是谁拍板？成绩如何作假？严惩弄虚作假，更须斩断利益链条。

———高考公平不容玷污，良知底线不容有失！2014-07-02

辽宁复核体特生，270 名考生放弃加分。河南一场武术赛，产生 400 名国家二级运动员。频频曝光的高考加分争议令人深思：过多过滥的加分是否到了调整的时候？旨在多元选才的举措，何以被权力和金钱侵蚀？严厉追责、严肃执法，还万千寒窗苦读的学子公平公道！

———拼分不如拼爹，不应成高考潜规则。2014-07-05

又是入学季。划片就近入学的规定，似乎并未完全打消择校的焦虑。呼唤家长理性面对的同时，治本之策是采取有力措施，尽早实现区域、校际的教育均衡。让每个孩子享有公平的教育，都有人生出彩的机会，这是人民期待，更是政府责任。

——让孩子上个好学校，这种愿望朴素而执拗。2015-05-30

就业

699 万毕业生冲杀"史上最难就业季"。急切与彷徨的背后，是理想与现实的落差，是"即将逝去的青春"。增加就业，固然要靠发展，更当以制度安排，为青年提供更公平的创业环境、更丰富的成才路径。青年的就业选项中，不应仅有循规蹈矩和朝九晚五。

——青年有梦想，中国有朝气。2013-05-19

727 万毕业生，再迎最难就业季。学校、专业、性别、户籍、关系、背景，这些加在一起，让有人喜、有人悲。其实，"大城市、体制内"固然理想，"下基层、走市场"又有何惧？要发展，先生存；要圆梦，先磨砺。请相信奋斗终有回报，你要的，岁月终会给你！

——纵有登顶之梦，何妨从脚下做起？ 2014-05-05

校园安全事件及青少年教育

刚送别复旦黄洋，又见南航学生因口角之争刺死同窗。本应纯洁的象牙塔，同根相残为何接二连三？我们的教育，不能只记得教书，却忘了育人；只看重输赢，却丢了底线。多些精神丰盈的青年，少些高智商的利己主义者，中国才有未来。

——学生要有知识的积累，更要有人文的涵养。2013-04-17

复旦投毒案被告人被判死刑。愚人节的玩笑也好，摊水费的争执也罢，生活中的小矛盾，为何让相聚的青春生死两茫茫？当反思：培养人才，有知识更要有德性；大学教育，重学术更要重人格。让学生懂得去爱，去尊重，去包容，才能避免悲剧重演！

——两个青春的逝去，两个家庭的悲剧，令人唏嘘。2014-02-18

复旦 117 名学生联名，建议给投毒案凶手林森浩一条生路。有人说，求情无异于纵容恶行；有人说，放弃复仇与报应，何尝不是对生命的尊重？罪行必得严惩，法律自会做出公正裁决，但青春永逝的悲剧足以引发反思：该填补生命教育的空白了，别让悲剧重演！

——认识不一，折射社会的多元和进步。2014-05-08

光背男子殴打少年的视频，瞬间引爆网友怒火。投掷巨石，跳起猛踹，少年惨叫连连。公安侦查还在路上，舆论谴责已经铺天盖地，网友举报更是前仆后继，人们在表达共同的心愿：严惩暴力，无论你隐藏何处；关爱少年，不管你来自哪里！

——文明社会怎能容忍如此暴戾？ 2014-05-25

一天之内，先是广西 4 名小学生被砍杀，后有云南一小学发生踩踏致 6 人死亡。每个孩子身上，都是一个家庭的希望。安全，本应是童年的底色；护佑，是我们应尽的天职。多些反思，多些改变。给孩子一个安全的承诺。

——校园安全喊了多年，孩子身边，还有多少潜在威胁？ 2014-09-26

今天，复旦投毒案二审开庭。无论最终判决如何，逝去的生命无可挽回，两个家庭的悲剧已然酿成。唏嘘之余，人们不禁追问：天之骄子，何以如此漠视生命？高等教育，如何培育人格丰满的青年？

——唯愿教育回归育人本义，让世上少些残缺的心性，多些仁义的心灵。2014-12-08

天津师大乙肝携带女生自杀引发关注。究竟是歧视重压下的悲剧，还是如校方所言，一切只是意外？事实尚待澄清，如花生命的凋零却提醒我们：别让悲剧重演，每个人都有责任。

——倘若多点人性关怀，多些温柔相待，悲剧能否避免？ 2015-04-30

一起暴力群殴事件，让我们陷入愤懑尴尬境地：什么原因，让这些少年失去了人性中最基本的同情心？家长管不好、学校管不了，难道少年施暴成了法外之地？庆元事件再次警示：健全的人格，才是教育的真谛；必要的惩戒，好过一味的娇纵。愿少年暴力不再发生！

——没有问题少年，只有少年问题。2015-06-23

初二男生被七八名初中生群殴致死，又一起惊人的校园惨案。这样的事不断发生，提醒我们要正视花季暴力，不是说可爱的年龄就一切都美好，阳光的校园里就没有阴暗的角落。告诉孩子，一定不要惧怕威胁，勇敢说出来，我们为你撑腰！

——依法保护未成年人，更应向所有青少年普及法律知识。2015-07-15

强奸未遂，竟对同窗女生痛下杀手，何等残忍！发生在一所大学的杀戮，或许是极端个案，然而频频曝光的校园暴力却发出警示：什么原因，让一些年轻人心怀暴戾，失去了对生命的敬畏？培养人才，有知识更要有德性；学校教育，重学术更要重人格。

——教书育人的真谛，我们是否已本末倒置？ 2015-08-12

教师作风

网友惊呼，继"专家""教授"后，"校长"一词再度被毁。神圣的称呼何以纷纷堕落？丰裕的物质背后，是否该反思精神的失守？重建信仰，需要道德涵养，也需法则的规范。因追梦而奔跑的民族，请记得头顶的星空和灵魂的底线。

——海南某小学校长带女生开房，杭州某大学校长受贿百万受审。2013-05-23

论文造假、科研克隆，爱徒的一封举报信，将中科院院士王正敏推到风口浪尖。真相尚待调查，公众不禁质疑：无风不起浪，堂堂院士何以如此狼狈？师徒之间，到底暗藏多少蝇营狗苟？院士回归院士，学术回归学术，莫让污水暗流，玷污了清净之地！

——院士本是崇高荣誉，学术不容半点投机。2014-01-03

北大副教授涉嫌与女生发生不正当关系被开除。从厦大吴春明，到北大余万里，高校何以频发丑闻？无论隐情几何，身为人夫，就不该婚外用情；学为人师，就理应行为世范。莫使少数人的不堪，败坏了师者的形象！

——当"教授"被戏谑为"叫兽"，坍塌的不仅是师道尊严，更有社会伦理的底线。

2014-11-23

从中央领导的花圈，到敬仰者的吊唁，人们哀痛于大师远逝，更慨叹学术浮躁的当下，专注与纯粹的缺失。李小文带给世人的，是久违的感动：头顶风淡云轻，不染世俗烟尘；脚下土厚根深，铸就学术泰斗。斯人已逝，风范犹存。纪念老人，愿世间多些"扫地僧"！

——"布鞋院士"离世，引来哀思如潮。2015-01-16

湖南大学17名转校生被退回，查实多人与校方存裙带关系。疑问依然待解：荒唐的转校理由背后，有着怎样的黑幕交易？象牙塔里，还有多少"转学腐败"尚未曝光？一退了之不是句号，更应公开调查、严肃追责。别让指向公平的教育，被金钱与权势玷污。

——为师者，请守住教育伦理的底线！2015-01-24

某中学要求学生每天集体跪拜孔子引质疑：守护命脉无可厚非，弘扬文化是否必须"跪拜"？形式主义的行政手段，又如何让尊崇之心"油然而生"？唯有理论与现实相融相通，有润物细无声的滋养，才有骨血里的敬畏与认同。教育者，当思！

——教书育人，理应教化为先。继承传统，也应扬弃发展。2015-01-31

下班回家吃个饭，就被通报批评，广西一乡村教师感叹没了尊严。家远未能按时授课，或是实情，但"工作日必须住校"的规定，未免太不人道。留住他们，不能只靠"春蚕到死丝方尽"的赞美，更要落实相关待遇政策。人少了还能招，但心寒了呢？

——330万名乡村教师，担负着4000多万孩子的教育。2015-03-30

带病上课的精神非常值得嘉许，但毕竟自己的健康既是家人的依托，也是工作的"本钱"，不顾惜自己身体的忘我工作还是不宜过分提倡。教师节快到了，除了感谢老师们的无私奉献，也要嘱托一句：工作固然要紧，更要注意身体！

——女教师打着吊瓶坚持为学生上课，许多人感动之余，还带着一份心疼。2015-09-05

教师节该不该给老师送礼？这一问，难的不是人情，而是人心。家长不送难以心安，可老师却视之为负担，进退维谷之间考验着两个群体之间的信任。适度表达师生之谊是人之常情，只是收下孩子的情意可以，收下家长的礼物则不必。

——老师最需要的是更高的职业尊荣，教师节了，这个礼物可以有。2015-09-09

这些传道者们一辈子站在乡村讲台上，目送一批又一批孩子的远行。知识的传授者不分贵贱，就像知识本身不分贵贱一样，330万乡村教师奠定了中国教育的一方基石。给乡村教师同等的尊严，就是给民族的梦想插上另一半翅膀。

——当命运为乡村儿童掩上一扇门的时候，是乡村教师为他们打开了一扇窗。2015-09-10

高考

从文史哲、数理化遇冷，到经济、法律、计算机过热，"几年河东、几年河西"？大学专业选择的冷热交替，折射社会的浮躁、教育的短视。又到填报志愿时，请少些沉重的功利，多些轻盈的梦想。有坚守的理想、丰盈的灵魂，才有广阔的天空。

——人生的宽度，不会囿于专业的藩篱。2013-06-16

再过一月，各地学子即将走上高考考场。期待考试更公平、录取更公正。更呼唤加快教育改革，缩小教育差距。让成材通道更宽广，让更多孩子放飞梦想。以公平的名义，祝福所有考生：加油吧，少年，努力就会收获阳光！

—— "一考定终生"，规则或许并不完美，却寄寓多少寒门子弟改变命运的期望。2014-05-07

明天，939万考生将走进考场，为青春和梦想奋力一搏。尽管成才之路日趋多元，但这场考试，仍是万千寒门子弟改变命运的重要通道。"高考焦虑"的背后，是值得呵护的朴素信仰：努力就有结果，奋斗就会改变。今夜，以公平的名义，向高考致敬，为考生加油！

——莫让年轻的汗水白流。2014-06-06

夏日炎炎，939 万考生奔赴考场。今天的中国，选择日渐多样，机遇精彩纷呈。把握人生出彩的机会，不独考试；创造不可限量的未来，唯有青春。无论今天发挥如何，明天，放平心态，轻松上阵，完成一次不可缺席的体验！

——奋笔疾书间，为十数载寒窗苦读完成自我证明。2014-06-07

今天，全国大部分地区高考结束。这一刻，不论结果如何，少年，你已超越了自己！两天决定不了一生，高考，是结束更是开始。祝福你，少年，愿每一种奋斗都能通向美好人生！

——唯青春与梦想不可辜负。2014-06-08

高考落幕，填志愿、选专业的纠结接踵而至。其实，所谓好专业，从来不是功成名就的代名词。所谓适合，也无非追随内心的选择。让年轻学子抛开功利，有赖合理的专业培养，更有赖多元的成长空间、公平的社会环境。愿心之向往，成为你脚下之路。

——焦灼中满含对就业的预期，对前途的忐忑。2014-06-09

说一声再见，我们一去不返的高中岁月；道一声珍重，那些可敬可爱的老师。不管明天决定去往哪座城市，和谁相识相知，请别忘了：有一群人，曾陪你哭过、笑过，跨过成长的烦恼。今夜，给拼尽全力的自己点首歌，一起致青春！

——数年同窗，唇齿相依；几份试题，各奔东西。2015-06-08

人生总是这样，回过头来，你对所有的槛都能释然，但当它横亘于眼前，那几乎就是你的整个世界。你还年轻，不能强求释怀与淡然，但人生的列车，会带着每一个迷惘的你前进。最终决定人生的，不是你现在查到的分数，而是未来付出的汗水。

——各省高考分数陆续公布，又是几家欢喜几家愁。2015-06-24

2015年安徽省亳州市谯城考区三中高考考点，考生轻松走出考场，庆祝高考结束。

研究生考试

人大保安张团政考上硕士，用一千多个昼夜的拼搏，证明着奋斗的力量。曾几何时，"靠实力不如靠关系"的奋斗无用论悄然流行，"寒门难出贵子"的身份决定论也大有市场。张团政让我们相信：命运掌握在自己手中，只要奋斗就会改变。

——皱纹可以写在脸上，但别刻在心上。2013-08-07

2014研究生考试开考，172万考生怀揣梦想走进考场。"考研改变命运"的期许背后，是对奋斗就有回报的信仰。当以更公平的制度，打通向上的通道，让每个梦想都开花，每分努力不唐捐。

——或为学术深造，或为职业提升，或为城市落户，考研理由多种多样，

每一个梦想都值得尊重。 2014-01-04

公务员考试

2013年"国考"网上报名今天结束，大冷大热现象仍然存在。与其抱怨年轻人功利，不如体谅他们现实的无奈；与其空谈苦干实干，不如创造公平的条件。让每一滴汗水不白流，每一份付出有回报，每一种人生都有出彩的机会，青春才能与梦想相伴！

——有的岗位7000多人争抢，有的岗位却无人问津。2013-10-24

2015"国考"明起报名，2.2万个职位虚位以待。即将报考的千军万马中，有多少人追逐的，是对铁饭碗的期待？当一个国家的优秀人才都流向"体制内"，这本身就不正常。人人都为编制挤破头，社会创新从何谈起？尊重个体选择，更期待机遇的多元。

——社会多些成材途径，青年多些圆梦通道。2014-10-14

调查显示，在年轻人眼里，"体制内"的工作优势在削弱。"体制"就像个围城，外面的人认为在里面有特权和灰色收入，里面的人认为外面的世界才更加精彩。当更多年轻人选择职业时，能够追随自己的内心，而不是体制内外的标签，才是一个社会的正常状态。

——公务员只是一种职业。2015-09-15

2016"国考"不面向在职公务员。关闭基层以国考"考上去"的大门，就要打通以遴选"选上去"的天花板，如此，坚守基层与向上流动才能有新的平衡。让体制外进入更高效，体制内上升有渠道，这关乎国运的大考，才能成为更多有志者的圆梦通道。

——体制内向上考和体制外向内考，将不再挤上一座独木桥。2015-10-14

招生处

自主招生本为选拔优秀人才，倘若演变成腐败温床，异化为关系暗道，损害的不仅是大学的声誉，更是制度公平性的根基。期待彻查严办，更期待以此为警示，完善制度、强化监督，让招生在阳光下运行，让大学远离喧嚣的红尘！

——中国人民大学招生处原处长落马，引发了人们对自主招生公平性的质疑。2013-11-29

高考，寄托多少平凡家庭向上流动的愿望，承载多少寒门子弟改变命运的梦想。教育公平是社会公平的底线，不管涉及到谁、水有多深，必须给出负责交代。大学，育人之地，岂容蝇营狗苟？

——招生就业处原处长落马后，人民大学宣布自主招生暂停一年，引发人们对招生黑幕的猜测。

2013-12-22

亲子教育

今天，一组父子对话的漫画火爆网络。"越有钱就越了不起？为什么很多人闯红灯？学习真那么重要吗？"爸爸的回答方式值得点赞：不是简单灌输，而是动之以情、晓之以理，传递出正确价值观。更应想到，孩子心头的疑惑，正映照出社会的现状。

——如何真正回答好下一代的提问，每个人都该思考。2016-03-28

其他

今晚，一档《寻找最美乡村教师》的电视节目让人落泪。感动同时不由追问：城乡教育落差怎如此巨大？办公大楼和乡村小学反差怎如此明显？为政一方，轻重缓急的权衡中，最不该冷落教育。因此，不妨也给教育市长献上掌声，给他荣誉，给他政绩。

——教育拥有今天的体面，民族才有明天的尊严。2012-09-09

对于装空调这件事有人表示支持，有人认为太娇贵。理解也好，不喜也罢，年轻人已展现和前辈不一样的特质：不再以苦为乐、默默忍受，拇指敲击间，个性跃然网上。今日青年就是明日中国：诉求更多元，表达更直接。顺势而为，公共服务和社会管理当跟上时代。

——"校长，装空调！"暑热难耐，大学生集体吐槽。2013-06-21

状元复读让不少人叹惋，却展现出那种久违的勇气：跟随内心，则流俗不足畏、人言不足恤；梦想所在，则黄金不能改其志、困苦不能阻其行。人生多少美好，消逝于随波逐流中？祝福刘丁宁，祝福所有怀揣梦想的人：艰难困苦，玉汝于成！

——香港大学72万元奖学金，止不住刘丁宁就读北大中文的梦想。2013-10-11

教育实践活动以来，全国压缩各种文件共190余万个。数字令人咋舌：压缩之前该有多少？今天一个"重要指示"，明天一个"贯彻落实"，红头文件漫天，有多少真正办了实事？文牍主义乱象，暴露公权力失范的现实。少点"文山"，多点实绩。

——别让"一纸空文"，懒了为政作风，害了政府公信！2014-11-02

排练节目三个星期天，彩排时却被淘汰，小学生致信教育局长"要求不过儿童节"。委屈背后还有不解：说好放假，怎么没有轻松的儿童节？少些被大人强加的比赛表演，少些为这一天夜以继日地训练！毕竟，相比五花八门的荣誉，孩子发自内心的快乐，更值得我们呵护。

——六一，还孩子一个纯粹节日！2015-06-01

报告称近千万留守儿童整年见不到父母。留，如何为生计开源？走，难解骨肉分离之痛。常年守望、教育缺场，孩子难免多了问题与迷茫。这不仅是一个群体的症，更是社会转型的结。

——关注发展，更要关爱下一代，他们是我们的未来。2015-06-19

多地学生出现头晕流鼻血，家长怀疑的矛头直指塑胶跑道。跑道与孩子病症有多大关联，仍在调查，但由此揭开的乱象令人震惊：从生产到施工各环节问题重重，第三方检测竟是行业空白！不禁要问，全国还有多少类似跑道？拆除不是终点，尽快制定标准，加强监管。

——孩子才能不输在"起跑线"上！2015-10-13

科学

航母

尽管只是改装航母，此举仍具象征意义：大国博弈，正从陆地走向海洋。正如"两弹一星"赋予中国大国地位一样，只有具备与海权相匹配的实力，才能穿越东海到南海的激流暗礁，不欺人的中国才能不被人欺。这不是穷兵黩武，而是自卫反击。

——中国首艘航母今天交付海军。2012-09-23

中国航母梦，今朝终得圆。欣喜之余，我们当清醒：是改建航母，不是自建航母；是走向深蓝的关键，但只是第一步。今天的中国，能为全球生产衬衣袜子，却造不出一流的发动机。支撑世界第二大经济体的，更多的是成本和数量。从大国到强国，市场换不来、花钱买不到。自主创新，时不我待！

——自主创新，时不我待！2012-09-25

航母舰载机起降成功，首条高寒地区高速铁路通车在即，这是中国；异地高考方案正艰难博弈，试点多年的官员财产公示制仍不明朗，这也是中国。用器物提升国家实力和人的生活，靠制度护卫社会公平和人的尊严，这才是现代中国。

——国家的现代化，物质只是一个层面，制度供给不能长期拖后腿。2012-11-25

直升机降落辽宁舰飞行甲板。

嫦娥三号

再过 1 小时 30 分，"嫦娥"将携"玉兔"飞向月球，中国人千年奔月梦，迈出坚实一步。此时，长征火箭已直指苍穹，神州大地正静候佳音。

——今夜无眠，为"嫦娥"祝福！2013-12-02

继美国、苏联之后，中国成为第三个实现月球软着陆的国家。为"嫦娥"骄傲，向中国航天致敬！我们能够征服外太空，也一定能够让脚下这片土地变得更加美好。我们的征途是星辰大海！

——"嫦娥三号"成功落月。2013-12-14

跨越 38 万公里茫茫太空，五星红旗图片从月面传来，如此清晰，如此鲜艳！为"嫦娥"骄傲，为"玉兔"自豪！志存高远，脚踏实地，中国一定强！祝福你，我的中国！

——"嫦娥三号"从月面发来图片。2013-12-15

科学相关问题

中国工程院决定打破院士终身制，院士违反科学道德将被取消称号。只进不退，易使院士变成官帽；资源垄断，又怎能激励天下英才？君不见，烟草院士劝而不退，张曙光曾用 2300 万元评院士，当院士头衔成为追逐目标，亵渎的是学术的高尚。

——不附庸于权力，不葡匐于利益，科技创新才能野蛮生长！2014-06-11

年过八旬的中国药学家屠呦呦，凭借"拯救全球数百万人生命"的青蒿素，迎来"迟到的荣誉"。中国科学家首获诺贝尔医学奖，这是个人的荣耀，也是集体的荣光。致敬"190 次失败"后的努力，也请记住屠老曾说的话，"科学研究不是为了争名争利。"

——"呦呦鹿鸣，食野之蒿"。2015-10-05

西安医学院实验用狗疑遭遗弃，将死之身还在抽搐，惹人心疼，也激起一场医学实验伦理之辩。动物实验的研究贡献不应被怀疑，然而，实验应遵伦常，动物也有福利。人类从不是地球的唯一生命，没有"它们"，我们终究会变成一群孤独患者。

——任何一个为科学"献身"的生命都配得起体面的离去。2015-12-06

"没课题就只拿一两千元基本工资""十年寒窗有什么意义？"科学家的吐槽引人深思。科研人员不应逐名利，但他们理应得到更好的待遇。更应看到，唯课题上，唯成果论，机制之弊消磨着科研者的动力，也损害着国家创新的耐力。给科学家松绑，为科研加油！

——科研是寂寞的，科学家却不应被冷落。2015-12-14

人文·历史

——铭记他们，
　　就是铭记这个民族共同的牺牲与尊严

人文

元旦

2014 年的第一天，日出日落，风平浪静，一切如同昨日。所谓新的一页，也难以断然斩断旧日的丝缕。变革同样如此，一切只争朝夕的宏愿，只有在恒久的坚持中，才会一步步抵达。空谈误国、实干兴邦，中国加油！

——时间就是这样，它不会因急迫的意愿而更改步履。2014-01-01

此刻，新年的钟声如约响起，让我们彼此祝福。新一年，请学会善待：对身边的亲友，好好地说声祝福。新一年，请懂得珍惜：以点滴汗水回报光阴，以踏实努力追逐梦想。

——新一年，愿安康幸福相伴，不负时光、不负自己。2015-01-01

春节

"注重家庭、注重家教、注重家风"。家，是起点，是归宿，是每个中国人的牵挂与思念。没有什么比亲情更值得守卫，没有什么比团圆更值得珍惜。明天除夕，愿万家团圆、共享天伦。

——春节团拜会上，习近平首谈家庭建设，情深意远。2015-02-17

这是辞旧迎新的时刻，爆竹声声，烟花璀璨，寄寓多少美好憧憬，多少幸福企盼。此刻，让我们彼此献上最真挚的祝福：愿所有的梦想都不被辜负，每个心愿都生根发芽。今夜，请一起为我们脚下这片土地祈愿：新的一年，平安康健，家和事兴；新的一年，政通人和，国泰民安！

——时序更替，梦想前行。2015-02-18

明天起，开启新的征程，打拼再累，也别忘了家的存在。多打几个电话，常回家看看吧，所有的奋斗，不正是为了家人的幸福？别让他们为了团圆，再用一年苦苦等待！

——春节七天长假，就这样匆匆画上句号。2015-02-24

元宵节

今夜，无论身在何方，不变的是对团圆的期许，对相守的期盼。无论时光如何流转，不变的是对幸福的渴望，对彼此的承诺。许一个心愿，给自己、给家人，也给脚下这片土地：愿人安心安，花好月圆。

——当元宵遇上玫瑰，19年一遇的佳节，寄寓多少美好。2014-02-14

清明节

每年此时，扫墓，祭拜，寄托对先人的哀思，也寄寓历史的传承：我们的生活里烙印着他们的生活，我们的生命里流淌着他们的生命，无论贫富，无论苦乐。每一代人的奋斗，都值得记取；每一段生命，都值得尊重。明日清明，愿逝者安眠，生者努力。

——暂时放下生活的焦虑和不易，只是缅怀。2013-04-03

年年岁岁，又到清明。赓续千年的传统，寄寓对先人的怀念，更承载对生命的感恩。明天，无论身在何处，请放下劳碌、暂别焦虑，在春和景明中放空身心，感受生命的真义。

——我们踏青扫墓、追思祭奠。2014-04-04

明天，清明。这是祭奠与缅怀的日子：怀念先祖，就是追忆我们血脉的过往。这也是感恩与追思的时刻：对话先人，叩问自己：我是谁？我从哪里来？要到哪里去？

——愿逝者安息，生者前行。2015-04-04

五一劳动节

这个五一，"体面劳动"成为热词。当我们为城里人的休息权呼吁时，别忘了2.3亿农民工，以及千千万万北漂、蚁族。失业、欠薪，没有安全感，生存的焦虑让他们没有能力顾及体面。关注他们，不能止于廉价的同情。

——他们的权益应该受保护，他们的声音理当被倾听。2013-05-01

明天五一，劳动者的节日。当"买房致富"代替勤劳致富，当拼搏敌不过"拼爹"，劳有所得还成立吗？劳动光荣还有说服力吗？当以更公平的制度设计、更合理的收入分配，让每一份付出都有回报，每一种人生都能出彩。劳动体面，国家才有尊严！

——劳动创造财富，奋斗改变命运。2014-04-30

五四青年节

又逢五四，有人赞颂青春的美妙，也有人叹息青年的困扰：当压力山大的生活，消磨本应飞扬的梦想，当追名逐利的竞赛，取代本应燃烧的理想，谁来呵护我们的青春？拒绝"初老"，呼唤家国情怀、理想担当，也呼唤完善的规则、平等的机遇。致敬青春，祝福中国！

——青年有梦想，国家有未来。2014-05-04

又逢五四，或许人们以为它是只属于青年。其实，接受历史俯身，并不是青年的专利；承受时代眷顾，也不是青年的独享。与其圆滑世故、长袖善舞，毋宁光明磊落、刚直不阿；与其犹豫不决、畏首畏尾，宁愿义无反顾、勇往直前，这才是青年拨动历史琴弦的缘由。

——暂忘华发生，回首鸣壮志，又何妨？2015-05-04

儿童节

今天"六一"儿童节。当孩子们尽情享受游乐场的欢乐、父母臂弯的温暖，也请记住这组数字：7000万留守儿童，2000万儿童生活在贫困线以下。每个孩子都是我们的未来，对童年的关爱不应厚此薄彼。

——共同努力，让每个童年、每颗童心，都被这个世界平等相待。2014-06-01

端午节

放几天假，吃几个粽子，端午节就这样过去了。就像元宵节只剩下吃元宵，中秋节只剩下吃月饼，传统节日似乎只保留在舌尖，而远离了心灵。守住传统，那里有"上下求索"的家国情怀，是我们共同的根源和血脉。

——现代化的齿轮下，器物可以标配，文化却不应被斩断。2014-06-02

粽香飘南北，千江竞龙舟，特定时节的饮食习惯、竞技形式，穿越时空，将我们的根脉系在一起。但传统节庆之魂，更在人心，在"修身齐家""国泰民安"的家国情怀。不必拘泥于能否互祝"快乐"，也不必拘泥于是否吃了粽子、赛了龙舟。

——把传统融入生活，而不是只在佳节说起。2015-06-20

八一

今天八一，一个属于铁血英雄的节日。向军人致敬的同时，也应深刻反思：我们这个时代，是不是缺少了英雄气？当娱乐至上成为年轻人的主流，当众多青年没有崇军尚武的精神底蕴，这无论如何都是一个值得警醒的信号。青年虎虎生威，国家才能蓬勃向前！

——时代呼唤热血青年，呼唤英雄气的回归。2014-08-02

中秋

时维九月，时序三秋。告别今夜，2014就走过了2/3的旅程。为收获，也为成长；为亲人，也为自己。中秋快乐，月圆人圆！

——带着温暖和梦想出发吧！2014-09-08

又是一年中秋夜，你是承欢膝下、亲情相守，还是被一轮明月勾起了乡愁？此刻，无论你是在和亲友谈笑，还是在独自刷屏，一起抬头望月，感受月光带给人间的缱绻与眷顾：但愿人长久，千里共婵娟。

——海上生明月，天涯共此时。2015-09-27

教师节

中国的教师节，可能从 9 月 10 日调整到 9 月 28 日。把中国第一位教育家孔子的诞辰日作为教师节，这是慎终追远、弘扬传统的好事。然而，节日价值在于时间，更在于精神。当一些基层教师的待遇尚待落实，当违背师德极端事件时有曝出，尊师重教、重塑师德，尚需付出现实努力。

——中国教师节可能调整为孔子的诞辰日。2013-09-06

第 29 个教师节即将来临，最美的祝福之外，能否来个约定：如果你是一名教师，就请以虔敬之心，抵住世俗的喧嚣，传递求真向善的力量；如果你是一名学生，就请以赤子之心，保持探索的姿态，赓续文明进步的光亮。或许，这才是最好的节日礼物。

——曾经的讲台上是否还有那难忘的身影？曾经的黑板上是否还有那熟悉的笔迹？

2013-09-09

今天，孔子诞辰 2564 周年。任凭时空变迁，总有一些普适的价值需要遵循；越是浮躁焦虑，越要从传统中寻找安宁。弦歌不辍，这是我们共同的基因；传承文明，这是一个民族前行的根基。

——穿越千年，孔子的话语仍然为人传诵，他的思想依然给人启迪，这就是文化的力量。

2013-09-28

明天,第 30 个教师节。为天下老师,送上最美的祝福、最诚的祝愿。然而,不知何时起,一个"敬"师的节日,竟演变为"礼"师的比拼。钱物来往之间,困惑的是学子的内心,远离的是尊师重教的本义。

——尊师本为传统美德,莫使世俗的喧嚣,玷污了师生情谊、师道尊严。2014-09-09

尊师重教,年年都说,如何落实,是对政府和社会良心的考验。无论是总理亲自会见教师代表,还是全面推进中小学教师职称改革,上层态度理应带动 1500 万教师地位与福利变化。全社会都应尊重教师,不妨从你我身边做起,记得祝老师节日快乐!

——教师节来临之际,总理的"大礼包"接踵而至。2015-09-08

国庆节

今天,是祖国母亲的生日。11 万人观看天安门升旗仪式,却留下近 5 吨垃圾,个人失德竟让国家形象蒙羞。遍地的垃圾是警醒:没有国民的强大,就难有中国的崛起;追求你自己的素质,就是争取中国的进步!国庆之日,我们一起记取:你怎么样,中国就怎么样;你有光明,中国便不黑暗!

——个人失德竟让国家形象蒙羞。2013-10-01

国庆前一天,人民英雄纪念碑下举行隆重仪式告慰英烈。先烈为民族独立和人民的自由幸福而牺牲,后人又何忍置身事外般贬低这些英雄?英雄是一个民族精神图腾上最醒目的符号,也是浓缩着历史的价值坐标,丢了自己英雄的民族没有希望。

——缅怀先烈,致敬英雄。2015-09-30

中华人民共和国!祖国从此再次走向了统一、安定和发展。如今我们可以在假期的闲暇中,畅想历史的多种可能,然而对于因新中国的成立而免受奴役的人民来说,机会只有一个。在这个日子,向良心深处说一声祖国你好,你可以听到历史肯定的回答。

——66 年前的今天,古老的中国有了一个新名字。2015-10-01

2014年9月27日，江西省婺源县篁岭景区，农家大妈用辣椒、稻谷和芸豆等庄稼，拼成一个特大型国旗图案，喜迎国庆节的到来。

母亲节

源自西方的母亲节，成为中国网友感念母爱的情感出口。"网上尽孝"背后，有多少奔波打拼的不易、两地相思的无奈？韶华易逝、亲情难负，急速城市化的中国，莫让最本真的温情冷却。祝福天下母亲幸福安康！

——以孝作路标，我们才能不忘来路，走得更远。2014-05-11

商场被感恩母亲的话语充斥，网络被有关母亲的照片刷屏，喧嚣的一天里，我们有没有问过母亲，她内心深处的真正需求？或许中年的她们向往更多的社会空间，或许年长的她们渴求更多的陪伴慰藉。

——感恩母亲，让我们冲破物质的包裹与纸上的合影，从真正走进母亲的内心开始。

2015-05-10

父亲节

网上热议父亲节。朋友圈"秀爹"、微博"致老爸"的温情背后，也催生"网上你这么孝顺你爸知道吗"的调侃。如今千里相隔，寄情网络，饱含多少相思无奈？感念父母，不应止于节日。再美好的前程，也应从家庭起步。常回家看看吧，别让白发待养成人生之憾！

——所谓孝道，本应承欢膝下。2014-06-15

对父爱的颂扬与感恩，在这一天里席卷网络。然而现实中，多少父子千里远隔，多少老人独守空巢？更需织密保障网络，让生命的黄昏过得安然。对父辈的关爱，不应止于网络、止于今日。

——指尖间流淌的炽热，又怎比得上平日里的守候？ 2015-06-21

七夕

以彼此照耀的方式在苍茫宇宙中前行，我们就是最美的两颗星。玫瑰巧克力固然会为爱情点缀起浪漫气息，而道德责任感则会为爱情带来有力支撑。从传统文化深处走来的七夕，悠久地传颂着夫妻之间彼此坚守、砥砺前行、白头到老的要义：爱比爱情更长久。

——无垠天河，你是我的守望，我作你的明灯。2015-08-20

重阳节

岁岁重阳，今又重阳。这是一个关乎温情的节日。忙于打拼的我们，已有多久，没陪白发苍苍的他们好好聊个天？没有什么可以替代家的团圆，这个假期，多陪陪老人吧。亲情无价，每一刻相守都值得珍惜。亲情和睦，才有盼头。家如此，国亦然。

——赓续千年的传统中，寄寓敬老尊老的价值传承。2014-10-02

世界睡眠日

今天，是世界睡眠日。用青春赚回的钱，难赚回青春；用生命成就的事业，难补回生命；用幸福换来的成功，难带回幸福。放下工作，丢开手机，早睡一小时吧，奔波的人们。

——3月21日是世界睡眠日。2014-03-21

世界读书日

世界读书日如期而至，你是否准备接受这阅读的邀请？当消费主义导致心为物役，可曾停下脚步、从书香中寻找安宁？哲人说，这个世界是你的，与他人无关。读书，就是为了遇见属于你的世界：得意时请阅读吧，它会告诉你智慧和优雅；失意时请阅读吧，它对你和他人一样宽广和慷慨！

——阅读就是魅力！2014-04-23

又是一年读书日，你读书了吗？一本好书，如沁人心脾的沉香，氤氲着文化气息。读之，浮躁的涌潮便会逐渐退去；思之，精神的岛屿就能缓缓浮现。与其陷入一屏一幕的寂寥，毋宁去感受一灯一卷的瑰丽。毕竟，无论何时，精神骨节生长的声音，是最令人激动的。

——世界那么大，不如，我们读书吧？2015-04-23

读者在北京国家图书馆内读书，座无虚席。

世界电信日

今天，世界电信日。感谢科技带来的改变，也应反思：当面对面的聊天被手机侵占；当旅行的目的，只剩下拍照、上传与点赞，这究竟是网络带来的便利，还是技术异化的生活？宽带或可方便沟通，亲情却难靠比特维系。

——留点时间给亲友，拾起温暖与感动；留点空间给自己，莫让灵魂被网络占有。

2014-05-17

世界无烟日

多少烟民，明知吸烟有害健康，却敌不过腾云驾雾的飘然，赛不过饭后一支烟的爽快。又迎世界无烟日，北京亦将实施"史上最严"控烟令。再好的立法，也需大家的支持。从我做起，还世界一个清洁健康。

——数据显示，烟草每年导致全球约 600 万人死亡，60 多万人成为二手烟"牺牲品"。

2015-05-30

全民健身日

今天，全民健身日，这是来自身体的邀约。眼睛看手机累了，别辜负窗外风光；腰肢伏案疼了，何妨到户外驰骋。工作太忙、压力太大，然而，没有强健体魄，再好的前程又有何用，又如何撑起家国梦想？健康人生才是精彩人生，健康中国才是幸福中国！

——别再推托"没有时间"，锻炼吧，从当下做起！ 2014-08-08

世界动物日

今天，世界动物日。请关注那些生灵：它们因皮鞭的威逼，沦为商业表演的戏码；因疯狂的贪欲，化作偷猎枪下的冤魂。并非提倡超越现实的动物至上，却也应看到：对待动物的方式，体现一个社会的文明。地球只有一个，善待自然，就是善待我们自己。

——拒绝虐待与杀戮，给生命平等的尊重吧！ 2013-10-04

环卫工人节

今天是环卫工人节，向"城市美容师"致敬！表达节日问候的同时，也应反思：不乱丢垃圾、出门带个垃圾袋，如此简单的承诺，你我是否在践行？关爱环卫工人，不应仅停留在纸面口号，涵养公共文明，更须人人事事尽责。

——管好"随地一抛"的手，文明中国，请自手边始、自今日始。2013-10-26

记者日

明天，第14个记者节。社会文明的进步，离不开瞭望者的坚守；转型发展的中国，需要勇担道义的铁肩。近来的若干案例也催人警醒：面对诱惑，唯利是图，只会自我迷失；守住风骨，才能担当使命。与同行共勉，与读者同在！

——将敬意与祝福，送给所有为守护真相、记录历史不懈努力的同行。2013-11-07

第15个记者节即将过去，再一次，将祝福与敬意，送给追寻真相、记录时代的新闻同行。面对技术的变化，媒介可以更迭，新闻不会死亡。对真相、正义与公平的追求，是记者的职责，更是社会前行的基石。面对迷惑，莫忘初心。

——有坚守，才有作为；有信仰，才有担当。2014-11-08

消除对妇女的暴力日

今天，国际消除对妇女的暴力日，反家庭暴力法公开征求意见。基于性别的暴力，是对女性的岐视，更是现代文明的耻辱。所谓家暴，并非家事，当以法律护佑权利，以规则制止伤害。拒绝暴力，保护她们，保护我们的母亲、妻子和姐妹！

——一个社会的文明程度，取决于它对待妇女和孩子的态度。2014-11-25

世界艾滋病日

今天，世界艾滋病日。然而，364个平常日子里，有多少人记得这个特殊的群体？对待弱者的态度，衡量一个社会的文明。面对病毒，每个生命都有平等呼吸的权利。多点关爱，少点冷漠。别因你的岐视，让他们更加不幸。

——愿反岐视与关爱的声音，给身陷病痛的他们带来些许慰藉。2014-12-01

国家宪法日

明天，中国迎来首个"国家宪法日"。我们维护宪法，因为"宪法就是一张写着人民权利的纸"；我们敬畏宪法，因为在法治国家，"法律就是国王"。宪法之大，最重要的是限制权力，今夜，请重温庄严的承诺：坚持依法治国，首先要坚持依宪治国；坚持依法执政，首先要坚持依宪执政！

——依法治国是治国理政的基本方式。2014-12-03

名胜古迹申遗

大运河、丝绸之路申遗成功，可喜可贺。欢欣同时也有担心：这会不会成为过度开发、门票涨价的前奏？有限的名录外，全国还有多少历史遗迹濒临消失，亟待雪中送炭？拒绝急功近利的商业利益、政绩诉求，找好保护与发展的平衡点，真正留住我们的文化根基。

——申遗不是目的，保护才是正道。2014-06-22

人文情怀

今天，从杭州到西安，从广州到深圳，声声怒吼，传递寸土必争的中国意志。然而，当愤怒之火燃向无辜人群，我们也当自省：血性是不是暴戾的遮羞布？爱国是不是暴力的挡箭牌？理性是否成了懦弱的代名词？

——如何捍卫主权尊严，考验中国的坚定与坚韧，考验国人的心态与素养。

2012-08-19

开封、大同巨资复建争议未息，又传凤凰55亿复制古城。复古热的同时，却不乏对古建的人为破坏，更有形似秋裤的新地标乍然冒出。建筑是时代的标志和记忆，如何贯通中西、熔铸古今，创造代表当代高度的符号，事关建筑，事关文化，事关未来。

——难道今人的审美自信，只能到古人那里追寻？2012-09-03

爱国热情可贵，反制措施有力。然而，正义之声夹杂噪音，抵制日货又难寻替代，这鞭策我们：主权之争，是实力较量也是时间考验。时间在哪里？在中国这边，在你我手上。

> ——从我做起，让举止更得体、食品更安全、产品更可靠，让文明法治跟上前行脚步。

> 这才是国之利器。 2012-09-16

请理解我的同胞，尽管文明素养有待提高，赤子心肠却不容玷污。这不是为极端行为开脱，也不是想让民族仇恨延续，而是铭记共同的来路与前程：落后就要挨打，自尊更要自强。今又鸣响的警世钟激励我们，坚于信，笃于行，何不强？

> ——走向现代化的中国，历史机遇不容错过，改革进程不能延误。2012-09-18

男子泰山穿日本军旗T恤，被当众扒衣。穿着打扮固是个人自由，动手扒衣也许不妥，但在一个曾遭受巨大创伤的国度，公然招摇日本军国主义的刺眼标志，岂不是对良知和底线的挑衅？年轻人对历史的无知令人痛心，也应深思。

> ——多国明确立法禁止纳粹标志，我们何时能有法可依？ 2014-09-07

历史

反法西斯

民政部公布首批著名抗日英烈和英雄群体名录，多名国民党高级将领在列。300个荣光的名字，番号不同、军服各异，却有一个共同的称号：中国军人。70多年前，面对民族危亡，他们曾用热血染红这片土地。抗战胜利69周年在即，英雄，致敬！

> ——铭记他们，就是铭记这个民族共同的牺牲与尊严！ 2014-09-01

南京大屠杀及抗日胜利

2014 年 12 月 10 日，92 岁南京大屠杀幸存者李素云控诉日寇罪行。

1813 年 8 月 5 日，清嘉庆帝颁布诏令：严禁官民贩食鸦片。27 年后，1840 年夏天，西方的坚船利炮打碎帝国酣梦，中国近代史由此开端。近二百年风云变幻，历史见证大国兴衰，见证一个国家的探索与转型。

——总有一些价值历久弥新，比如对梦想的坚守、对复兴的渴望。2012-08-05

今天，五星红旗插上钓鱼岛；今天，中国人发出共同的吼声。这一壮举向世人宣示：家国山河，难忘故土，中华儿女绝不容忍钓鱼岛孤悬波涛之上。此时此刻，我们牵挂着 14 位同胞的安危，企盼他们平安回家，企盼华夏更富强，九壤早归一。

——今天，抗战胜利 67 周年纪念日。2012-08-15

激昂的呐喊，严正的抗议，一日间，保钓船向世界展示它所承载的中国决心。不愿反思的日本人永不明白，不是旧怨一如新仇，让中国念念不忘，而是挑衅就意味历史重演，因此无法原谅。今年是中日建交 40 周年，但没有公理公道，哪有友谊友好？

——历史问题，默许就是促成；主权问题，宽恕就是放纵！ 2012-08-16

"没想到中国反应如此激烈！"日本媒体这样惊叹。可知道，中国人心中，一股气
憋了百余年。钓鱼岛是警示碑，记录昔日屈辱沧桑，也将成为转折点，见证奋起
中国寸土不让的集体意志。这样的意志，将使中国像钢板一样坚硬凝聚。这样的
中国，无所畏惧。

——不理解，缘于你们对历史刻意回避。2012-09-12

明天"九一八"，中国国耻日。如今，力量格局正发生逆转，机遇之门向中国
打开。然而，时间不等人。无惧外患的同时，我们应拿出决心和勇气，直面矛
盾问题，推进改革发展。居安思危，革新图强，全面振兴，试看东海之岛，到
底是谁的封疆！

——穿越81年的警报，记录民族屈辱，也见证国家兴衰。2012-09-17

7月7日，记录中国人的屈辱，也见证中国人的不屈。8年抗战，千千万万同胞的
鲜血染红山河！今夜，让我们点燃红烛，祭奠先辈的英灵；也向大洋彼岸，两位
空难中逝去的中国姑娘致哀。愿点点亮光，照亮她们回家的路。

——落后就要挨打，自强才有尊严。2013-07-08

今天"八·一五"，日本投降日。东海岛国，扭曲历史的招魂曲仍在唱响，露骨的
表演，触动国人心头永远的痛。反思历史，并非为旧怨重生。然而，忘记过去，
又何谈开拓未来？山河泣血的耻辱已成追忆，苦难中的警醒值得铭记：强盛才能
避免宰割，团结才能凝聚力量。

——日本须自省，中华当自强！2013-08-15

又逢抗战胜利日，随机调查发现，一些大学生竟不知道这个日子的特殊。一个
3500万同胞生命和鲜血铸就的坐标，一个中华民族从沉沦到振兴的拐点，怎能轻
易忘记？从纸面上读取战争的年轻一代，对战火硝烟缺少切肤之痛，但历史不容
遗忘。

——一个民族，看历史有多远，未来才能走多远！2013-09-03

今又"九一八"。穿越82年的警报，记录国家屈辱，也回响历史警示：落后就要挨打，发展才能强大。今日中国，机遇之门已经打开，改革发展任重道远。无惧挑衅的同时，拿出决心与勇气，直面矛盾问题，居安思危，革新图强，全面振兴，这才是对"九一八"的最好纪念。

——发展才是硬道理！2013-09-18

76年前的明天，南京沦陷。76年后的今夜，我们燃起蜡烛，为南京大屠杀遇难同胞守灵。这是中国人永难磨灭的伤痛，也是人类文明史上的黑暗与耻辱！时间或可淡化血迹，却不容扭曲历史；中国可以包容友邦，却不能容忍挑衅。让烛光穿透时光，让警钟永世长鸣！

——6周，30多万条生命罹难。2013-12-12

铭记苦难，不是为了复刻仇恨，而是为了看清来路、坚定前行。历史的尘烟中，血迹写就的警言如此清晰：落后就会挨打，发展才能强大！再次点燃蜡烛，为30万遇难同胞默哀。缅怀，此刻，每刻！自强，今日，每日！

——南京大屠杀76年祭，伤痛和屈辱再次被唤醒。2013-12-13

国家拟立法确定抗战胜利纪念日，设南京大屠杀国家公祭日。70多年前的奇耻大辱，日本军队的残暴与血腥，四万万同胞的无助与抗争，熔铸成历史警世钟。愿子子孙孙，牢记民族最危险的时候，奋发图强，振兴中华！

——这不是复刻仇恨，而是回应整个中华民族的心灵呼声。2014-02-25

中国拟为南京大屠杀和慰安妇历史档案申报世界记忆遗产。铭刻历史，是因为日本右翼正试图掩盖历史，重蹈历史覆辙。一个甲子过去，如果真相难以还原，正义得不到伸张，我们将愧对先辈和子孙，中日又何谈睦邻友好？愿历史照亮来路，警钟鸣响未来！

——对历史负责的民族，才能对未来负责。2014-06-10

45 份日本战犯罪行笔供陆续公布。屠杀、强奸、细菌战……泛黄的档案，录下令人发指的暴行，白纸黑字的铁证，戳破日本右翼的谎言。更应想到，有限的记录，又怎及滔天罪恶的万分之一？铭记历史，是开创未来的前提。七七将至，日本须自省，国人当自强！

——一个不愿直面过去的国家，何谈友好互信？2014-07-04

"任何人想要否定侵略历史，中国人民绝不答应"，今天，卢沟桥畔，掷地有声的宣示，传递中国捍卫正义的坚定意志。77 年前的硝烟已经散去，血与泪的耻辱不容遗忘。铭记历史，更应警告日本：右倾路线带不来经济繁荣，也不能使日本成为亚洲中心。

——历史，已回不到那一页。2014-07-07

明天，七七事变 77 周年纪念日。77 年来，中国人没有一刻忘记国耻。然而，日本右翼势力不断为军国主义招魂，可曾有半点悔改？有的人想忘记，所以我们必须牢记。明天，抗战爆发 77 周年纪念活动将隆重举行。不用含蓄婉转，这种做法就是在警告日本！

——正义不容亵渎，历史不会重演！2014-07-07

明天，甲午战争 120 周年祭。一场战争改变了两个国家的命运，日本在强国迷梦中跌入军国主义深渊，中国则从屈辱中踏上曲折复兴路。今又甲午，日本右翼蠢蠢欲动，甚至把中日比作一战前的英德，但中国不再软弱可欺，中国人也不想重蹈覆辙。

——历史不容遗忘，悲剧不容重演！2014-07-24

又到甲午年。120 年前的那场战争，开启两个国家两个甲子的命运沉浮，铭刻一个民族的百年屈辱。时光流转，痛定思痛：战运背后是国运。所谓腐盛而败，朽极而亡。唯有自强方能自救，唯有革新可以图存。重温历史，更须警醒未来！

——面对危机，变革，才能守住尊严；开放，才能永续发展！2014-07-25

69 年前的今天，日本无条件投降。为了这一天，中国付出 8 年时间，和 3500 多万生命代价。69 年后的今天，告诫日本右翼的同时，更应自警自励：不思进取，改革成果难以保全；穷奢极欲，历史悲剧难免重演。不懈怠，不停滞，靠改革祛除痼疾，以铁律整饬风气，中国才能强！勿忘国耻，警钟长鸣！

——勿忘国耻，警钟长鸣！ 2014-08-15

今天，中国抗战胜利 69 周年。习近平参加纪念活动，罕见的高规格，释放出明确的政治信号：历史不容篡改，公理不容歪曲，尊重历史是重建中日关系的前提！13 亿人同仇敌忾，决不允许历史悲剧重演，决不允许军国主义卷土重来。以纪念的名义，铭记历史、吾辈自强！

——日本右翼怎能逆流而动？ 2014-09-03

明天，"九一八" 83 周年纪念日。在这个秋意渐浓的夜晚，让我们记取国耻、缅怀先烈。当年，日本发动侵略，是因为我们积贫积弱。今天，日本否认历史，是因为我们正在崛起。国耻勿忘，吾辈自强！

——纪念，不是为了情绪宣泄、复刻仇恨，而是要凝聚力量，砥砺前行。2014-09-17

"九一八" 83 周年。隆重的纪念，勾起伤痛，也鸣响警钟：时间可以过去，历史却不容遗忘。勿忘国耻，兴我中华！

——难忘 "九一八"，敌寇侵中华，祸起卢沟桥，血染中国土，历史不能忘，牢牢记心间。
2014-09-19

明天，首个南京大屠杀国家公祭日。我们缅怀逝者，并非为了延续仇恨，而是维护民族记忆，铭刻历史教训。今夜，以生命的名义发誓：鲜血不会白流，历史不会重演！今夜，为 30 万死难军民点燃蜡烛。同胞，安息，奋起，中国！

——追思 30 万同胞横遭屠戮的惨状，泪水挂在眼角，滴进每个人的心里。2014-12-12

今天，以国家的名义，祭奠 77 年前惨遭屠戮的亡魂。惨绝人寰的屠杀，是鲜血写就的苦难，更是人类文明的耻辱。祭奠不是要延续仇恨，而是唤起人们对和平的坚守。今天即将过去，请再次重温警言：忘记历史就意味着背叛，否认罪责就意味着重犯！

——30 万，冰冷的数字背后，是一个个曾经鲜活的面孔。2014-12-13

几组南京大屠杀纪念馆的恶搞照片传遍网络，引发众怒。30 万同胞横遭屠戮，我们应该奉上尊敬和铭记，如何能对同胞生命熟视无睹，对历史悲剧无动于衷，而遽行轻佻之举？可以张扬个性，但不能亵渎亡魂；可以游览参观，但不能恶搞历史。

————我们始终相信：大国公民，应该有一种情怀！ 2014-12-17

"70 年前日本输掉了战争，70 年后日本不应再输掉良知"，外交部长回应日本记者的话，掷地有声，有理有节、赢得点赞。中国纪念抗战 70 周年，不是为了耀武扬威，更不是为了延续仇恨，而是因为只有铭记历史，才能捍卫和平。

————忘记过去就没有未来，正视历史才能赢得尊重！ 2015-03-08

70 年前，约 20 亿人口卷入世界反法西斯战争。惨痛的历史，时刻警示：用鲜血和生命换来的和平正义，来之不易。纪念，如同点燃一支火炬；回首，是为了更好地铭记：历史的悲剧，如何避免？未来之命运，握在我们自己手中。

————莫斯科红场，中国仪仗队惊艳亮相，纪念卫国战争胜利 70 周年阅兵式举行。

2015-05-09

78 年前的 7 月 7 日，战火染红了卢沟桥，宛平与北平不平，华北与中国告急。8 年抗战，记录日本侵略者的野蛮与杀戮，也见证中华民族的抗争与不屈。78 年后的今天，有的人想忘记，所以我们更须牢记。七七，以国家的名义，祭告遇难同胞。

————正义不容亵渎，历史不会重演！ 2015-07-07

乐享和平繁荣多年的人们，应重新咀嚼当年的这段屈辱，虽然痛苦但也让人清醒：重温历史，不是为了重揭伤疤，而是记住一段不应再走的弯路；不是为了沉溺伤痛，而是在反思中汲取知耻而后勇的力量。面对危机，变革，才能守住尊严；开放，才能永续发展！

————百余年前的今天，甲午战争爆发。2015-07-25

今年是广岛长崎原子弹爆炸 70 周年，也是反法西斯战争胜利 70 周年。我们所担忧的是，如果凶手化身受害者，如果伤痛被当作工具，那么真正无辜的人们将永难瞑目。愿被时光冲刷掉的只是伤痛，而教训，则被永远写入人类的基因里。

——面对无法分隔的邻居，我们并非咄咄逼人，也绝非铁石心肠。2015-08-09

中国已向联合国申请将南京大屠杀和慰安妇列为世界记忆遗产，竟被日本政府要求撤回。有同在遗产之列的《安妮日记》记录纳粹统治的恐怖，才能永远警醒后人勿重蹈覆辙。当亲历者正在凋零，抢救这段历史还嫌来不及，怎能被政治目的蒙住良心？

——历史就是历史，相信世界会还中国一个公正的答案。2015-10-09

南京大屠杀档案入选联合国《世界记忆名录》，意味着国际社会对大屠杀史料进一步的认可与保护。它们不仅承载了两个民族的恩怨，更述说着人类文明曾经的癫狂。咀嚼苦难，而心怀肃穆；记忆不灭，则警钟长鸣！

——一群人的记忆可能会被阴谋家篡改，然而全人类共同的回忆却永远无法被抹去。

2015-10-10

澳门回归

你可知 "macau"，不是我真姓 / 我离开你太久，母亲 / 但是他们掠去是我的肉体 / 你仍然保管我内心的灵魂 / 那三百年来梦寐不忘的生母啊 / 谁叫儿的乳名，叫我一声澳门。

——今天，澳门回归 15 周年，一起唱起这首歌，重温清彻的童声，祝福美丽的莲岛。

2014-12-20

"他们掠去是我的肉体，你仍然保管我内心的灵魂"。15 年，见证 "一国两制"，见证血浓于水。15 年，澳门的繁荣稳定，表明一个朴素的道理：国家好，澳门才会好；澳门好，国家会更好。澳门如此，香港亦然。

——12 月 20 日，这个日子属于澳门，也属于全体中国人。2014-12-21

澳门特别行政区举行大型焰火表演，庆祝澳门回归祖国15周年。

烈士纪念

今天，向所有的奋斗与牺牲致敬；明天，为所有的光荣与梦想祝福。安息，先烈！加油，中国！

——今天，中国首个烈士纪念日。明天，共和国将迎来65周岁生日。2014-09-30

存疑不是不可以，但有一条底线：那就是真实。古人讲，欲灭其国，先去其史。以"惊人真相"博人眼球，以假乱真；以"历史秘辛"制造噱头，抹黑英雄，何异于"先去其史"。然而，虚妄的怀疑改变不了真实，也就动摇不了崇高。向英雄致敬！

——一度，有些质疑黄继光等英雄的谣言，甚嚣尘上。2015-04-21

环境·经济

——天地有大美而不言

经济

国家经济

"中国扶贫成就史上最伟大""对中国经济转型充满信心",博鳌论坛上,盖茨、索罗斯等对中国不吝赞美。他们的话,许是客套之语,许是距离之美,恰与当下部分国人的习惯性批评形成反差。中国要前行,宁少些溢美之词,多些盛世危言。

——这是我们自己的家园,责之切,只因爱之深。2013-04-07

稳定增长的背后,是不同行业、岗位的可观差距,更难掩众多弱势群体"被增长"的现实。防止贫富分化撕裂社会,必须通过收入分配改革,给劳动以应有价值,给勤劳以致富可能。实现中国梦,不能任由富的越富、穷的越穷。

——国家统计局今天公布 2012 平均工资数据。2013-05-17

世界上许多人不了解中国,以为硬骨头难啃,中国就改革受阻、开放倒退了。但中国领导人已清楚表明,改革开放开弓没有回头箭,经济转型是凤凰涅槃浴火重生。风物长宜放眼量,给中国一点耐心,中国好,世界会更好!

——习近平访美前夕,罕见公开谈论股市、汇率,直面《华尔街日报》的"刁钻"提问。

2013-05-17

增长有目共睹,更需考量:发展可否持续?分配是否公平?社会是否公正?所谓发达,不只意味着物质丰裕,更意味着人的自由、幸福和尊严。推动经济持续增长,跨越中等收入陷阱,需推进中长期全方位改革。行百里者半九十,中国还在路上。

——人社部专家称,中国已进入上中等收入经济体国家行列。2013-06-14

中国进口车全球最贵，数倍价差背后，暴利进了谁的腰包？市场经济固然自由定价，然而，愿买愿卖不是垄断渠道的借口，供需关系不是操纵价格的理由。垄断需破除，更要反思：国产汽车何时能打造同样品质？规则公平，才有公道；国货自强，才有底气。同期待！

——同款路虎，海外31万，国内118万。2013-08-20

国家统计局发布2013年就业人员平均工资：45676元。还算体面的数字，难掩不同群体的收入落差，少数人的优越感，替代不了众多人的"被增长"。与其欣喜于平均数的提高，不如正视背后的问题，让社会财富的增长，更公平地惠及每个人。

——民众的"平均幸福感"，才是更值得追求的平均数！2014-05-277

发展阶段不同，经济总量不同，永远保持高位增长，既不现实，也不符合经济规律。比速度更重要的是质量，比数字更重要的是信心。适应"新常态"，调整结构、改善民生，实现更有品质的发展，中国应有这个自信！

——2014中国GDP增速7.4%，创24年来新低，引发"增长过缓"的担忧。2015-01-20

31省区市政府工作报告出炉，29地下调GDP目标增速。这是对"新常态"的主动调适，也是转型升级的良好契机。"GDP崇拜"盛行多年，粗放式发展带来了速度，也付出了代价。比数字更重要的，是绿水青山，更是公众的权利和幸福、社会的公平与正义。

——增长更有质量，中国更有希望。2015-02-09

高级会馆倒闭，高档烟酒跳水，铁腕反腐，戳破"腐败经济"的虚假繁荣，却营造经济发展的良性环境。市场经济是规则经济，贪腐横行带不来持续增长，公正廉洁才有长久繁荣。刮骨疗毒，有贪必肃，这才是公众心声。

——这两年，反腐力度加码，经济增长放缓，引来"反腐影响经济"的怪论。
2015-02-112

谈经济发展，习近平强调"不能那么任性了"；谈政府行政，李克强直言"有权不可任性"。无论治国理政还是谋求发展，都应少些随心所欲，多些敬畏之心。粗放发展，悖逆的是自然规律；肆意用权，逾越的是法治红线。让任性成为过去式，让敬畏成为新常态！

——"任性"成热词，释放明确信号。2015-03-06

油价高低有待细细核算，网友的疑问值得回应：油价如何构成？包含多少税费？税费去了哪里？与其喊冤，不如进一步完善市场定价机制，透明油价构成体系。让消费者每一分钱花得明明白白，心里才能舒舒坦坦。

——6.3元油价坚挺7年，网友吐槽"当了冤大头"，中石化喊冤"油价并不高"。

2015-03-24

2013年1月26日，中国国际经济交流中心主办的"中国经济年会2012—2013"在北京举行。

企业经济

大起大落的剧情背后，应反思企业的跟风思维，更该考问政府的"催肥"思路。在改革开放 30 多年后的今天，中国光伏产业的急剧衰落再次警示我们：政府意志拗不过市场规律，错装在政府身上的手，早该换成市场的手。

——无锡尚德太阳能破产，昔日首富施正荣折翼。2013-03-21

滴滴和快的竞争升级。烧钱血拼，究竟能玩多久？消费者纵能暂时获利，一旦一方垄断市场，最终埋单的还不是普罗大众？腾讯与 360 互掐、京东与苏宁硬杠，恶性竞争从未带来野蛮生长，反而是两败俱伤。在肉搏中消灭对方，才算成功吗？

——市场竞争不是独霸天下，脱颖而出也不只靠价格！2014-02-19

余额宝是非成热议。是金融"鲶鱼"，还是金融"吸血鬼"？褒贬之间，不免要问：高于银行利率的收益，究竟动了谁的奶酪？垄断暴利，到底进了谁的腰包？创新带来活力，也可能伴生风险。加强监管，警惕风险，不等于一禁了之。

——"让市场在资源配置中起决定性作用"，不应是一句空话。2014-02-28

阿里巴巴成功上市，引爆的不仅是资本追捧，还有个人奋斗的励志传奇。15 年，从一无所有到富可敌国，神话的背后，是时代的奇迹、网络的奇迹、中国的奇迹。它告诉我们：真正的活力，蕴藏于无数平凡个体之中。当以规则的公平、市场的活力，护佑每个草根的梦想。人人圆梦，中国梦圆！

——"梦想还是要有的，万一实现了呢？"2014-09-20

格力该不该做手机？胜算又有几何？这两天，"董阿姨的手机"突然火了。无论褒贬弹赞，都是对国产手机，乃至"中国制造"的关心。"互联网+"大背景下，"中国制造"要走向"中国创造"，唯有靠技术引领，唯有靠不懈创新。

——口水仗之外，市场终究靠产品说话。中国企业家，别让市场失望！2015-03-27

《做企业十几年，太憋屈了》——一封致总理公开信火爆网络。吃卡拿要，一些政府部门借"特种税"打了民企的秋风，受害的终是消费者。正应了那句话："对守法企业不好，就是对人民不好。"以公平和法治慰藉民企的"哆嗦"，让简政放权靴子真正落地。

——国务院都过河了，地方政府还在摸石头？ 2015-05-18

天下熙熙攘攘，可以利来利往，但商业有底线，竞争有规则。况且，许多问题还悬而未决，本应同舟共济，为何大动干戈？也盼政府早做决断，调处各方利益，让市场定优劣，让消费者做选择。

——Beat U，一句直接叫板竞争对手的广告火了。2015-06-25

别让李嘉诚跑了，一句口号莫名发酵，甚至惊动了发改委回应。法无禁止皆可为，只要不违法，人都来去自由，何况商业行为。我们对中国发展的信心，来自改革开放，来自勤劳耕耘，而不是一个商人是否愿意投资。应当，让市场的归市场，并交给时间检验。

——无论李嘉诚还是谁，都不是什么风向标。2015-09-16

国民消费

不是中国人太有钱，而是不敢花钱，为了未来、牺牲眼前：存钱防老、存钱防病是难言隐衷，为房子倾注一生积蓄更是现实之痛。储蓄太高，反而折射出安全感不高。当警醒：完善社会保障，才能消除后顾之忧；改革分配制度，方能走出勤劳而不富有的窘境。

——中国人均储蓄超过 3 万元，全球最高。2013-09-11

双色球摇奖延迟引争议，官方回应难解质疑：数据故障，为何不能提前通知？既已取消，又如何来个突袭开奖？有无舞弊暂且不论，事件暴露的，恰是彩票管理的程序漏洞，和对公众知情的习惯性漠然。事关巨额资金，福彩需要更多透明、更多监管。

——切莫因自行其是的"任性"，伤了公信，害了事业！ 2015-01-26

从剃须刀到保温杯，从电饭煲到马桶盖，一些日本日用品，成了中国游客的抢手货。尴尬的同时，更应反思：引以为傲的中国制造，因何就造不出人家的质量？中国产品，不应永远是低价低端的代名词。中国制造，早到了转型的时刻！

——唯有自主创新，才能占有市场、赢得尊重。2015-02-08

买买买！国庆假期，中国游客"爆买"日本，有人批评崇洋媚外，有人指责不爱国。大可不必上纲上线。中国消费者"攻陷"世界，固然是消费理念不成熟的表现，但更提醒中国制造转型升级的迫切。与其抨击，不如迎头赶上！

——与创新结合、与质量联姻，中国制造更成熟，中国"爆买客"才能更理性。2015-10-03

房市

史上最严国五条，似难以抑制房价高企。越调越高的房市，压逼国人的腰包，压抑青年的梦想。当警醒：控房价，与其在需求末端做文章，不如在宏观源头下功夫：财税改革，让地方告别土地财政；分配改革，让人民共享发展红利。房价稳，民心安。

——房价继续走高，房租连续上涨，京沪地王再现。2013-09-10

全国 70 城市房价数据今天出炉，房价走低趋势进一步确定。尽管断言房市大跌为时尚早，然而人们已经意识到：当全体国人的奋斗梦想都寄托于房子，整个国家的经济增长都维系于地产，这是极不正常的。若政府真有摆脱土地财政的决心，就请慎用救市之策。

——忍住一时之痛，才能脱胎换骨！2014-05-18

房价是升是降，终由供求决定；房子该不该买，公众自有判断。以公共舆论资源，暗行救市之举，这样的报道是否妥当？房价调控已到关节点，摆脱土地财政、升级经济结构，须切实看紧"看得见的手"。别让公共舆论，沦为地产商的吹鼓手！

——《常州日报》头版头条呼吁"我市已到购房好时机"引发热议。2014-07-15

股市

股市重回 1 时代，市场波动，恐慌情绪不可取；缓解流动性压力，不能依赖输血式救市。让看不见的手挤出泡沫，让钱回到该去的地方。吸取教训，管好流动性；盘活存量，扶好实体经济。转型升级，难免波动震荡。选定方向，排除杂音，改革的阵痛，唯以改革的勇气直面。

——"钱荒"，还是"钱慌"？ 2013-06-24

A 股市场大幅上涨，单日成交破万亿创纪录。久违的财富效应，引发众多投资者"跑步入场"。期待股指高升，更期待监管方严格监管、理性引导。更稳定、更持久，一个健康活力的股市，是投资者之福，更是中国经济之福。

——股市火爆背后，是万千普通股民实现财富增值、分享发展成果的梦想。

2014-12-06

亚投行火了：42 国提出申请，五大联合国常任理事国中四国选择加入。"火爆"的场景，折射中国的实力，体现亚洲的魅力，扰动世界的格局。对于各国而言，选择亚投行，"并不是选择了中国，而是选择了趋势"。对于中国而言，加快改革创新，更多包容开放，才有光明未来。

——祝福中国，加油中国！ 2015-03-29

千股跌停、盘中震荡 10%，证监会深夜发文称"是过快上涨的调整"。场外配资野蛮生长，杠杆非理性扩张，不利于股市长远健康发展，急涨急跌同样如此。经济发展需要一个健康发展的资本市场。用改革激发股市的潜力，让创新成为撬动股市发展的新动力。

——资金牛歇歇脚，改革牛不停步。2015-06-30

证监会连发"福利"，利多消息一波接一波。急涨急跌都不正常，公众需要的是一个有稳定预期、公开透明的市场。股市，今天见。

——降低交易经手费，拓宽券商融资渠道。2015-07-02

券商增资，新股 IPO 暂缓，守住金融安全底线，才有资本市场的健康发展，新常态下的改革红利才会化作实实在在的获得感。然而，各种利好的释放通常需要一定时间。在这一过程中，投资者更需要信心和耐心，而不是在焦虑和恐慌中乱了方寸、无所适从。

——系列政策的目标只有一个：稳定市场！ 2015-07-04

这个周末，稳市"大招"一波接一波。利好释放需要一定过程，但无论如何，中国经济稳中向好的预期没有变，资本市场稳定健康发展的指向不会变。

——中央汇金入市，央行给予流动性支持。2015-07-05

过去一周，中国股市上演惊天逆转。绿与红的急转背后，是一场多空对决，也是一场信心之战。应对股市危机，考验能力和耐力，也凝聚我们的共识：建设持续健康稳定的资本市场，需要政府的综合施策，也呼唤成熟的社会心态。

——千股跌停，千股涨停。2015-07-10

2015 年 7 月 10 日，沪指涨 4.5%，1300 余股涨停。

环境

环境倡议

中国社会正进入环境敏感期，面对环保权益冲突，公民与政府之间实现良性互动，需要公民依法理性表达诉求，更需要政府建立透明的决策机制、畅通的沟通渠道。事后的辟谣，不如事前的公开；临时的处置，不如常态的倾听。愿海定波宁。

——公开透明是突出的时代特征，也应成为重要的施政法则。2012-10-27

环保部称，2020 年 PM2.5 排放量显著下降；旅游局说，2020 年带薪休假制度基本落实。7 年时间不算太短，毕竟让人看到了希望。然而，蓝图写进时间表，兑现尚缺路线图。踏石留印、抓铁有痕，需下决心、动真格、见行动。

——空谈虚蹈只会误国，真抓实干才能兴邦。2013-02-20

一小时熄灯未必带来实质性节约，却宣誓对保护地球的信仰、对参与改变的意愿。更应看到："行动秀"不能代替长久努力：从绿色出行到节约用水，超越 60 分钟的坚持，才是最好的宣言。

——明天"地球一小时"，152 个国家、7000 多个城镇，将用共同行动传递共同理念：

环保、节能、绿色。   2013-03-22

温州乐清一小学 19 名学生突流鼻血，学校周围 28 家企业未经排放审批。不禁要问：污染企业包围学校，规划何为？有毒气体长期排放，监管何在？一切发展都是为了人，任由带血的 GDP 荼毒生命，如此增长有什么意义？保护环境，就是福荫子孙后代，就是存续中国未来！

——宁要绿水青山，不要金山银山。2013-09-08

除夕夜，100多城市空气质量"爆表"。平心而论，空气不好，不能只怨百姓放炮。不放炮的日子里，蓝天白云不也照样稀少？可是，少一颗烟花，多一口清新空气，这个道理是否也同样简单？治理雾霾，理应人人有责。城市管理，理应为传统留下空间。

——你我市民，是否也当同尽份绵力？2015-02-19

环保部新任部长陈吉宁首开媒体会，称将为蓝天、青山、绿水不断努力。30余年高速增长，中国也付出沉重代价：当江河不再清澈，当雾霾遮蔽了蓝天，以健康和生命为代价的发展，还能持续多久？痛下决心，铁腕治污，呼唤智慧、勇气与担当。

——面对污染，人人同呼吸。2015-03-01

"既要金山银山，又要绿水青山"；"宁要绿水青山，不要金山银山"；"绿水青山就是金山银山"。读懂这几句话，并真正付诸行动，这可能会牺牲一点速度，影响一点所谓的政绩，但我们别无选择。

—— 经济发展与环境保护的关系，归根到底是人与自然的关系。2015-03-26

今晚，"地球一小时"。参与者用一小时的黑暗警示更多人：发展，不能涸泽而渔；珍惜，才有长久未来。短暂的仪式，未必节约多少能源，甚至有人质疑它的意义，但最重要的是，它的确唤起了关注与反思：渴望环境改善，比口号和观望更有用的是行动。

——人人从己做起，给子孙留下碧水蓝天。2015-03-28

蓝天

"APEC蓝"，从一个源于坊间的戏谑称呼，到最高领导人口中的真诚回应，体现中国社会的上下共识：空气污染已成切肤之痛，已到了非治不可的地步！"APEC蓝"固是非常规措施的结果，却也证明：只要努力，面对雾霾，不用风吹也能见效。

——APEC已经落幕，人民对"APEC蓝"的期待不会改变。2014-11-12

167

这两天，蓝天照刷爆朋友圈。人们不吝赞美，心情指数也随之飙涨。这是对自然的礼赞，更是对优质生活的期待；这是老天的馈赠，更是我们努力的方向。

——北京醉了！ 2015-06-12

微博微信上，人们争相晒出满满的幸福。才发现：清新的空气、干净的水，这些"寻常"的东西，才是构成幸福的基本要素。然而，政绩冲动下，有多少青山绿水变成荒丘浊流？"干部留环保烂账将终身追责"，中央政令已出，就看行动了！

——这几天，北京的蓝天真让人欣喜。2015-07-03

"APEC蓝"到"阅兵蓝"，有人说美好太短暂，一转头空气依旧愁人。车辆限行、工厂管控的立竿见影，让我们明白，雾霾原来是享受舒适现代生活时的另一面。发展与环境之间，美好不能只有一半，未来必须是干净的发展，那时的蓝色会永远留在祖国的天空。

——刷屏怒赞的"阅兵蓝"，蓝到醉人。2015-08-22

2014 年 11 月 5 日，APEC 开幕在即，北京连续蓝天，风景美不胜收。

雾霾

发布预警，启动预案，多地应战雾霾。百姓健康等不得，北京不能像伦敦，花半个世纪摘掉雾都帽子。让公车停驶、禁工地扬尘，规定如何落实？由短期而长效、由事后而事前，观念能否转变？美丽中国，呼唤更多紧迫感、更强执行力。

——污染积病多年，净化非一日之功。2013-01-14

960万平方公里中国，130万平方公里被雾霾笼罩。近乎黑色幽默的新闻，令人心痛。治污染、谋转型，行动比决心更重要。正值各地两会换届，走马上任的地方大员，能否用行动带来希望？人民在期待。

——发展，究竟为了什么？"厚德载雾"不是全面小康，"满城皆咳"羞言大国复兴。

2013-01-29

多地再现雾霾，又曝地下水污染黑幕。"向地下注入废水"，如此卑劣做法，与断子绝孙何异？我们或因自己而沉默，却不能不为子孙而呐喊：让天空再现澄澈，让水土回归清洁，加紧治理，时不我待；改弦易辙，方有未来。

——美丽中国不能光说不练，期待一场环保风暴荡涤乌瘴。2013-02-16

大风驱散雾霾，却带来沙尘，天空从灰白到土黄，必须警醒：透支环境的GDP不可持续，发展不能以未来为代价。美丽中国，不能光说不练。是时候了，行动起来，为子孙留一片青山绿水。现在就行动，也许还不晚。

——让人不禁疑惑：蓝天白云，究竟离我们有多远？2013-02-28

东部一些城市，一年雾霾天超过200天。环保部的数据，让人反思多年来推崇的发展模式。若率先发展意味着率先污染，发达与现代化带来的是健康透支，这样的领先进位有何意义？治污先治官，转变发展方式，前提是转变施政理念。

——今天"3·15"，我们向问题商品宣战，更应向有问题的发展观宣战。2013-03-15

明天，十一黄金周第一天。"厚德载雾，自强不吸"，不是向往的黄金一周；"霾头苦干，再创灰黄"，更不是美丽中国。这个国庆，暂且抛开假日经济，认真思考国之大事：不要污染的 GDP，再造干净的空气和水，该行动起来了！

——挥之不去的雾霾遮住金秋阳光，也给节日的欢庆蒙上灰色。2013-09-30

这几天，雾霾持续覆盖东北三省；第三季度，京津冀 13 个城市污染天超 6 成。当莽莽雾霾笼罩大好河山，还奢谈什么美丽中国？ GDP 数字再高，也不能抚平失去健康的痛楚，更何谈弥补对子孙后代的亏欠？当警醒：清洁空气，该行动起来了！

——当肺成为空气净化设备，发展还有什么意义？ 2013-10-22

雾霾！雾霾！雾霾模糊的，不仅是视线，更有持续发展的前景：当呼吸变得沉重，GDP 有什么用？当健康成为奢望，发展有什么用？畸形增长，无疑饮鸩止渴；美丽中国，不能"霾头苦干"。转型升级不容迟疑，请给我们及子孙后代，留下碧水蓝天和畅快呼吸！

——今年以来，全国平均雾霾日 52 年来最多。2013-11-02

中东部地区持续雾霾，就连烟雨江南都不能幸免于难。治理雾霾固然不能一蹴而就，但治理速度不能总滞后于恶化程度，治理成效不能总赶不上人民期望。应反思：牺牲绿水青山换来金山银山，究竟有什么意义？治理雾霾、清洁空气，该拿出实际行动了！

——以中国之大，还能找到几片净土？ 2013-12-04

25 个省份被雾霾笼罩，神州大地所能幸免者又几家？雾霾笼罩之下，多少人感到艰于呼吸？不要归咎于气象的偶然扰动，该认真反思发展方式了：先污染后治理，则治污成本足以消耗发展成果，更何况金山易得、绿水难求？拿出实际行动，别让雾霾肆虐神州！

——"拉着你的手，却看不清你的脸"。2013-12-05

自北向南,八方雾锁,十面霾伏,生灵为之窒息,日月为之无光。这是生态危机的征兆,也是对发展模式的警示:牺牲环境换来的 GDP,不过是泥足巨人,除了招摇政绩,有什么实际意义?告别唯 GDP 的误区,拿出壮士断腕的勇气,才能穿越雾霾,迎来霁月光风!

> —— 最近一周,浓重雾霾席卷半个中国。2013-12-08

经济处罚虽非治本之策,却也提醒地方政府:经济粗放发展,必须付出代价;增长经济,也需考量成本。抗击雾霾,需要摒弃的,是唯 GDP 是从的误区,是杀鸡取卵式的政绩观。让牺牲环境的发展者承担应有的代价,让我们的孩子,别再面对雾锁神州!

> ——辽宁首次开出"雾霾罚单",8 座城市被罚 5000 多万。2013-12-10

重度雾霾再袭华北。铅灰色的天空,让高楼遍地的城市黯然失色,也令生活在这片土地上的每个人深思:失去舒畅的呼吸,再多 GDP 有什么用?严治理、调结构、转方式,决心一下再下,成效还有多远?空气污染积病多年,大气治理何谈易事!固非一日之功,也要争分夺秒。

> ——发展,请别忘了人们的肺!2014-02-21

当灰色笼罩蔚蓝色的天空,雾霾弥漫每一条街道,比沉重的呼吸更沉重的,是习惯的坦然与钝化的心态。

> ——雾霾已成常态,蓝天已成奢求?2014-02-23

呼吸稍许舒畅,反思依然沉重:雾霾固然可怕,更可怕的是心态的麻木、行动的迟缓。风雨吹散雾霾,但不应吹走灰暗的记忆,和从中感悟的惨痛教训。雾霾过后,决心不能变、力度不可减!强化执法,严肃追责,才能真正守得住绿水青山,留得住白云蓝天。

> ——一场风雨,让雾锁霾伏的京城清爽起来。2014-02-26

网络上，各类调侃的段子热转，是自嘲更是反讽：当天空的晴朗，只能靠风吹拯救，这样的生活，就算捧上金砖又有何用？雾霾年复一年，比呼吸更沉重的，是由习惯而生的麻木。当警醒：同一片天空下，人人都是受害者。抗击雾霾，抱怨，更要行动！

——霾锁京城。2014-10-11

山东临沂休克式治雾霾，57家企业关停，6万多人失业。一时间，企业叫苦不迭，有人怨声载道。一时困难可以理解，但不能以此为由重蹈覆辙。这也警示各级官员：发展经济不能涸泽而渔，治理生态不能一拖再拖。

——得过且过或许一时好过，却会让子孙后代辈辈难熬。孰轻孰重？2015-07-04

地下水

地下水污染有多重？雾霾毒性有多大？专家有说法，民间有质疑。公众追问，体现对环境安全的强烈焦虑，对环境信息的急切需求。默不作声只会放大猜疑，拖延逃避只会恶化事态。更主动、更坦诚、更透明，建设美丽中国，请告诉人民负责任的答案。

——治污非一日之功，但正视是解决问题第一步。2013-02-17

山东潍坊企业向地下排污尚待调查，水资源严重污染却是不争事实。当雾霾遮盖了蓝天白云，浊流侵蚀了绿水青山，不禁要问：拿生命换发展，这有何意义，又如何能长久？拯救头顶的空气和脚下的水土，就是捍卫中华民族的生存底线。

——赖以生存的环境，已到了最危险的时候。2013-02-19

10年前，也是春节刚过，SARS疫情席卷而来。10年后的今天，当地下水污染成为谜团，土壤污染成为"国家秘密"，应反思：以生命为代价的觉醒，是否又变得麻木？须铭记：只有让公开成为权力规则，透明成为制度安排，灾难才不会重演，中国才能长大。

——灾难带来恐惧，也催生信息公开。2013-02-25

四川公共水域的污染事件，令人忧心再起。污物为何总往水里扔？美丽的江河，难道真成了天然的垃圾场，不堵的下水道？应急处置、透明回应，这是各方的责任。更需反思：如何提升日常管理，加大处罚力度，强化水质监测？请将一杯清水，留给子子孙孙。

——死猪刚捞完毕，死鸭又现江面。2013-03-25

民间关注多时的华北地下水污染，今天终于有了官方初步结论。与此前一些地方搪塞否认相比，环保部的调查没有回避问题。然而，平均 7 万元的罚款，是否过于仁慈，能否惩前毖后？地表十河九干，地下毒液侵蚀，如此透支未来，发展怎能持续？

——莫敷衍，不姑息，为了华北大平原，为了子孙后代！2013-05-10

新近发布的环境公报，让人看到环境之殇，也看到生存之忧。当雾霾弥漫、河流变色，如此畸形发展与慢性自杀何异？听不见地球哭泣，总有一天会因此哭泣，自然界的法则，简单公平又无人幸免。莫敷衍，莫迟疑，为了子孙后代，请用行动让人看到希望！

——过半地下水污染，近六成城市空气不达标。2013-06-05

沙漠排污

媒体报道，腾格里沙漠腹地惊现巨型排污池。墨汁样污水直排大漠，触目惊心。事实细节尚待调查，公众有权追问：是否排污？排了多久？监管为何"不太到位"？公开透明，严肃追查，依法问责。家园只有一个，别打着发展的旗号，留下延祸后世的骂名！

——美丽中国，不应是一句空话。2014-09-06

媒体再曝腾格里沙漠排污现状：黑黝黝的污水令人作呕，部分污染地被直接填埋。具体细节有待求证，沙漠排污被多家媒体屡次曝光却是事实。应该追问：是谁让企业如此任性？当监督者被束住手脚，当执法者被利益捆绑，排污者的肆意也就不足为奇。

——让环保法亮出钢牙利齿，请从腾格里沙漠开始！2015-04-06

2014 年 8 月 29 日，腾格里沙漠腹地现巨型排污池，黑色管道插入沙中散发恶臭。

其他环境问题

猕猴、黄麂、野猪……江西资溪猎杀野生动物引发众怒。盗猎者、野味店、提供许可证的部门，这条黑色利益链成为野生动物的夺命利器。闻其声，不忍食其肉；见其生，不忍见其死，古人犹有不忍，今人情何以堪？想猕猴倒下凄厉惨叫，伤痛如己有之。

——美丽中国，有我们，也必须有它们。2012-11-28

遭受侵蚀的青山碧水，岂能坐视不理？政府工作报告提出，下决心解决好大气、水、土壤等突出环境污染问题，这是民之所呼，政之所向。行动起来，多些不唯 GDP 的官员、尽职尽责的监管，多些知法守法的企业、低碳生活的公民，希望还在。

——以牺牲环境为代价的 GDP，注定不可持续。2013-03-05

黄浦江漂浮的死猪，引起公众关注。尽管政府已开始行动，但对质疑的回应、信息的披露，似乎仍显得有些被动。第一时间公开，才能让真相跑过猜疑猜测，这是信息时代的定理、危机应对的法则。事关公众健康、环境安全，没有不能说，只有必须说。

——知情是公众的权利，公开是政府的职责。2013-03-12

兰州自来水渐复正常，公众心头的疑虑仍难驱散。三月辟谣，四月成真，这究竟是巧合还是另有隐情？作为生活必需品的饮用水，安全保障是否有待升级？须警惕：每一次"偶发"污染，都将恶化人们的环境焦虑，更透支政府公信。水是生命之源，信为立政之本。清除污染易，修复公信难。

——兰州自来水渐复正常。2014-04-12

兰州自来水污染原因初步查明，城区供水正逐步恢复。然而，公众不安全感仍难消散：27年前埋下的隐患，为何迟迟没有根除？"监管异味"比水污染更有害，信任流失比苯超标更要命。真的"问心无愧"？天知地知人心知！

——18个小时延迟发布，多少人喝下含苯的水？2014-04-13

兰州自来水恢复正常供水。危机或将过去，反思不能停止：饮用水是生命之源，何以安全屏障如此脆弱？一次苯污染敲响警钟：全面普查隐患，全面严格监管。清澈安全的饮水，是最基本的民生保障！

——全国数千家自来水厂，千万条老旧的供水管线，看不见的危机还有多少？2014-04-14

杭州余杭垃圾焚烧项目遭遇"邻避困境"。造谣滋事者固当依法处置，可相似事件一再发生却也发出警示：环境敏感期，重大工程立项不仅要做好环境评价，也要做好社会风险评估。权利日益觉醒，公民与政府良性互动，需要公民理性表达诉求，更需要政府民主决策、公开透明。

——愿人间天堂美丽依旧。2014-05-13

文化·体育

——文化开启了对生命的美的感知，
而运动是一切生命的源泉

文化

文化倡议

"你幸福吗？"这个问题看似简单，却很难回答。幸福常常被解读为财富和结果，其实更多的是心态和过程，是对生活有奔头、梦想能实现的期许。因此，与其寻找幸福的答案，不如关注权利与机遇的公平，鼓励每个人通过奋斗创造幸福，并以自己的名义，给幸福定义。如此，幸福中国就在前方。

——我们该如何给幸福定义。2012-10-06

莫言，诺奖，炒得沸沸扬扬，从文学造诣到为人处世，质疑不断。质疑不可怕，有赞有弹也正常，可一些议论似乎超出正常范围，变成揭老底、挖黑幕，甚至恶意中伤。没有依据质疑一切，只会让我们迷失真相；失去理性批判一切，只会让我们彼此远离。

——难道认同就代表顺从、叛逆才代表高明？2012-10-09

忽真忽假，大起大落——今天，"新闻热点"的转换幅度令人诧异。信息爆炸的时代，新闻传播正在经历前所未有的变革，但总有些价值需要坚守：比如对职业的敬畏，对真相的护卫。

——作为个体的你我，是否应在点击鼠标的一瞬，多些怀疑精神，少些人云亦云？2013-04-19

我们的网络空间，为何总是非此即彼、非友即敌？对与错，是与非，观点相左可以辩论，然而，粗口辱骂从来不是战斗，以暴制暴无益消弭分歧。理性思考，文明表达，爱这个国家，就要从我做起，让她变得更自信、更开放、更包容。

——一言不合就爆粗，话不投机就开骂。2013-08-03

我国拟立法推动全民阅读，姑且不论能否提高阅读率，但"不阅读的中国人"的确越来越多。一个不阅读的人，即便两手满当当，也难免内心空荡荡；一个不阅读的民族，即使能创造一时的财富，却难以涵养恒久的尊贵。

——读些无用之书，多些闲情逸致，心灵才会宁静，精神才会富有。2013-08-05

"爱在右，同情在左，走在生命路的两旁，随时撒种，随时开花，将这一径长途，点缀得香花弥漫，使穿枝拂叶的行人，踏着荆棘，不觉得痛苦，有泪可落，也不是悲凉。"9月13日深夜，录下冰心这段文字，与你共勉。

——相信爱情，相信未来！2013-09-13

没有中国获奖者，国人自然不会那般热切关注。冷热交替的焦虑中，应该反思：社会浮躁，如何涵养追求学问的殉道精神？拜金盛行，更何谈对知识的敬畏与尊重？让鼓励创新成为制度设计，崇尚学习成为社会风尚，诺奖离中国人还会远吗？

——诺奖名单陆续揭晓，国内舆论反应比去年冷清。2013-10-10

"土豪"流行，反映社会心态，折射出一些富裕群体"富而不贵"的社会现实：沉溺炫耀财富，实因精神空虚；动辄挥金如土，岂非价值虚无？先富裕起来的部分国人，有钱之后如何才能更有教养？"土豪"是一个警醒：物质脱贫之后，还需精神的富有！

——最近，土豪一词风靡网络。2013-10-17

年底，各种图书排行榜陆续出炉。书越出越多，可读书人似乎越来越少，快速浏览代替深度阅读，微博段子取代经典流传。一个不阅读的民族是可悲的，纵然创造再多财富，也无法涵养民族之根、文化之基。留些时间给书本吧，以对抗扰人的浮躁。

——别让心灵在快到目不暇接的大时代，迷了路。2013-12-20

"冒"字究竟怎么写？从笔蘸墨到声光电，技术进步，时代更迭。然而当提笔忘字成司空见惯，当听写大赛成收视宠儿，国人需面对的不仅是书写的困扰，更是文化的危机。拿起久违的笔，回归笔墨之香，传承汉字之美，莫让传统在我们手中远逝！仓颉有灵，当作何感？

——2013十大语文差错成网络热点。2013-12-27

网民戏谑"呵呵"的背后，是人们对真诚沟通的渴望，对冷漠敷衍的拒绝。手机越来越新，网络越来越快，你我的距离却似乎越来越远。这究竟是技术的悖论，还是时代的悲哀？放下手机，还交流一个专注吧，莫让心与心的沟通，被数字异化，面对面的温情，被符号吞噬。

——网友推选"呵呵"为网聊最伤人词汇。2014-01-02

春节假期，当喧嚣暂离，问问自己：有多久未能静心读完一本书？当手机屏幕取代油墨纸张，远去的不仅是阅读的沉静，更有灵魂的安详。一个不阅读的民族，再多财富也难涵养根基。这个假期，读本书吧！回归厚重，心灵才会宁静；放下浮躁，精神才会富有。

——"值得一看的九本经典书籍"网上火了。2014-02-02

从春晚舞台上的"欧巴"，到"炸鸡与啤酒"火爆，令人再度惊呼"韩流"凶猛。韩剧入境20年，何以始终人气延绵？剧情轻松，制作精良，是剧迷喜爱的理由；环境宽松，政策扶持，是韩剧风靡的土壤。一个国家的强大，离不开文化的强大。

——虚心学习，悉心培育，让世界为"华流"埋单，尚需几时？2014-02-16

今天，不知道有多少人重读加西亚·马尔克斯，并再度被他的文字击中内心最柔软的角落。那些作品之所以经典，最动人处便在于对人性的体贴、对个体命运的关切。那些文字，穿越纷繁的历史和喧嚣的现实，让一代又一代的心灵找到皈依。

——致敬大师，文字不死，经典永恒。2014-04-18

这些年，鞭炮少了，灯笼没了，年味儿越来越淡。春晚办了32年，已成国人新年俗。别看年年吐槽，没了还真不习惯。时代在变，中国人对"年"的憧憬不变、对"家"的情怀不变。期待羊年春晚"好饭不怕晚"，更期待红火如初的中国年。

——网传羊年央视春晚停办引热议，央视辟谣称继续办。2014-09-15

上网时长竟 3 倍于纸质阅读，最新出炉的国民阅读调查数据让人忧心。的确，互联网是我们观看世界的新窗口。然而碎片化信息获取，替代不了读书带来的灵魂壮游；泥沙俱下的文化快餐，怎堪比专注的悦读盛宴？速食之味，久则可厌；经典之味，愈品愈香。

——这个季节，唯春日和读书不可辜负。2015-04-20

国民阅读数据今天发布，中国人年均读书 4.77 本，不足日本 1/8。当键盘、屏幕代替了纸笔和书香，我们似乎离世界越来越近，却离心灵越来越远。回归阅读，回归心灵，为更好的自己、更好的中国！

——冰冷的数码，代替不了阅读的纯粹，手指滑过纸张的弧线，仍是心灵不可或缺的温暖。

2014-04-21

倡导全民阅读的今天，这样的新闻让人心生温暖。比身份更值得尊重的，是对知识的渴求；比财富更值得珍视的，是个体的尊严。知识面前，理应人人平等。为弱者打开求知的大门，用教育缩小阶层的鸿沟，用尊重涵养平等的文化，我们可做的还有很多。

——杭州图书馆 11 年不拒乞丐，唯一要求是洗手。2014-04-24

GDP、PM2.5、Wi － Fi，IOS、PDF、Android，全球化、互联网浪潮下，越来越多舶来的洋文出现在公众视野。吸收外来语料，丰富民族语言，不仅必要，而且重要，但不能过多过滥。至于那些"串汤中文"、"散装英文"，貌似跟上了时代，实则妨碍了沟通。

——中国人，请先说好中国的话，守住语言的根。2014-04-26

三天之内，习近平两次谈及古文经典。言辞之间，关切的是文化命脉的传承，忧虑的是文化自信的缺失。只会 ABCD，淡忘唐诗宋词，一个迷失了来路的民族难言复兴。守住民族文化的基因，才能守住我们的身份和未来。

——一个民族的精神高度，取决于吸纳学习的能力，也取决于延续传承的态度。

2014-09-11

"文艺不能当市场的奴隶，不要沾染了铜臭气"。这是领导人的要求，也是公众期待：文艺理应引领时代、涵养精神，岂能唯利是图、追逐铜臭？一个民族的复兴，离不开文化的复兴；没有伟大的作品，难言伟大的时代。文艺之兴，公众之幸！

——愿屏幕上少点"手撕鬼子"，书店里少些鬼怪奇谈。2014-10-15

文艺本应引领时代、涵养精神，光鲜表面背后却怪象频出：搞文艺的出卖文艺，管文艺的出租权力。台前幕后，不乏名权勾结、权钱交易。全面反腐，没有化外之地。斩断权力与文艺之间的黑色勾连，愿文艺圈少些污浊铜臭，官场上多些正气清风。

——影视业潜规则频遭曝光，反腐风暴渐近文艺圈。2015-02-10

娱乐

电视电影

人们喜欢，是因为《中国好声音》的"纯粹"：摈弃华丽和噱头，让歌声回归真实、音乐回归本义。在担心潜规则盛行、阶层流动固化的当下，"好声音"透出国人对真实、透明和纯粹的渴望，同时传递这样一个信念：只有努力才会改变，只要努力就会改变！

——最近，电视节目《中国好声音》引发关注。2012-08-04

13年，1000场，昨晚的北京保利剧院，见证《恋爱的犀牛》创下中国话剧新纪录。这部戏带来视听冲击也带来时代追问：当物质裹挟精神，当人生成为名利的狂飙，当理想、操守甚至爱情都沦为交易筹码，是不是该停下匆忙的脚步，等一等灵魂？

——有心的人生才算丰盈，有魂的国家才能强大。2012-08-13

《致青春》的上映，引发80后集体怀旧潮。叹老的吐槽，发出青春的追问：是什么，让他们暮气沉沉？这背后，有多少现实无奈？与其叹息青年不再热血，不如给他们奋斗的理由：少些功利熏染，多些理想激励；守护机会公平，畅通上升通道。青年有朝气，中国有未来！

——青春成追忆，梦想已远离。2013-05-14

明星既是公众人物，公众当然有知情权，可新闻报道与消费隐私，其实只有一步之遥。可以关注，但别消费家人痛苦；可以报道，但别僭越公私边界。知止，知息。

——媒体穷追不舍，网上段子迭出，明星私情演变成网络狂欢。2014-04-01

《历史转折中的邓小平》无论温情细节，还是一些历史人物首次亮相，都是改革年代壮阔图景的真实再现。一部电视剧，拉开纪念邓小平诞辰110周年的序幕，也应和着当下国人最深沉的渴望：前方别无他途，唯有革故鼎新，才有光明前景。上下同心，将改革进行到底！

——《历史转折中的邓小平》热播。2014-08-10

银屏上，本土动漫乏力，日本、欧美作品风行。这的确令人忧心：常年浸染于架空历史、娱乐至上的动画片，何谈传统的教化、价值的传承？毕竟，亲近历史，才有身份的认同；守住命脉，才有文化的复兴。也应思索：国产动漫，如何能更给力？

——媒体调查"戚继光是谁？"孩子们答不上者众众。2014-12-09

《速度与激情7》火了，24小时狂揽4亿票房。背后的秘密，是对技巧的精准把握，对人性的准确拿捏。这些年，中国电影进步非凡，相较之下，要学的东西还有很多。富起来的中国，别让"速度与激情"，只上演在街头的炫富斗狠。

——"前两小时肾上腺激素狂飙，后两分钟止不住泪奔。"2015-04-13

《大圣归来》逆袭《小时代4》，《捉妖记》上映两日票房破3亿。也许有营销助攻，也许有明星效应，但对过硬的品质和满满的诚意，观众还是认账埋单。不过，粉丝经济时代，如何不仅仅依赖粉丝，又不跟在好莱坞后亦步亦趋，国产片的路还很远。加油，中国电影！

——暑期国产片票房一再被刷新。2015-07-18

旅游

不文明行为

一个孩子在埃及刻下"到此一游",一时间,指责、人肉、黑网,让人无所遁形、无地自容。恶行固当谴责,过激也要警醒:当道德义愤变成恶意攻击,文明已走样,正义已远离。个体修为构成群体气质,你怎么样,中国便怎么样;你若文质彬彬,中国便亭亭玉立。当思,共勉。

——一个孩子在埃及刻下"到此一游",引发国人一片哗然。2013-05-26

从"到此一游"到"当众小便",颐和园里的十几位大叔、外国游客的闪光灯,再次触发国人心头的耻感。口诛笔伐之外,也要自省:他们的身上就有我们的影子,他们的羞耻就是我们的羞耻。你怎么样,中国便怎么样。同思共勉。

——个体修为构成群体气质,人人谦谦忍让,中国才会彬彬有礼。2013-07-03

去年国庆,各大景区垃圾遍地。今年中秋,武汉江滩又现弃物12吨。都说仓廪实而知礼节,富起来的中国人,离文明出游还有多远?素养的习得,固非一日之功,文明的涵养,更须人人尽责。请记得:你所站立的地方,就是你的中国。

——现代化途中,不能只有物质的丰裕;涵养文明,请自当下始。2013-09-21

当街便溺,固然不够文明,但漠视哭泣的孩童,街头粗暴争执,是否也有失风度?文明的尺度中,除了不当街便溺,还应包含善意与尊重,理解与宽容。

——内地幼童香港街头小便,父母与当地年轻人起冲突。2014-04-22

名山石崖被肆意喷涂,千年文物被随意攀爬,让文明蒙羞的旅游陋习,一到假期便爆发。拉黑、禁入,警告、处罚,道德固然需要法律保驾护航,但根本在于国人公共意识的觉醒。世界那么大,都想去看看。对鄙陋之举多一分拒绝,世间就多一分怡人美景。

——万里路上自我升华,本应是旅行的真正意义。2015-10-04

旅游现象

九寨沟数千游人滞留，颐和园一日游客超 10 万。提前预警、提升管理固然重要，更应反思：全国统一的"集中调休"是否到了该调整的时候？落实带薪休假，给劳动者自主选择的权利，给公众一个有尊严的假期。有健康休闲的国人，才有幸福安康的中国。

——人潮汹涌，假日游变成"找罪受"。2013-10-03

人多时，长城寸步难行；拥挤处，西湖黯然失色。高速路变成停车场，是对阳光假日的期盼，还是对休假制度的反讽？如果带薪休假落到实处，人们何必在这七天同时出游？休假本是权利，假日需要救赎，落实带薪休假，才能告别人在囧途！

——国庆假期过半，人流高峰频繁上演。2014-10-04

周五下午加周末短假，国家旅游局夏季休假新建议引发热议。长期以来，法律有规定，职工有需求，媒体有呼吁，可带薪休假却总是沦为纸上福利。现实中，又有多少人双休难保，不能休、不敢休已成常态？不奢望新增半天假期，只盼望法定休假权不折不扣。

——国人有闲暇，国家有活力。2015-08-04

13 亿人同过一个黄金周，7.5 亿人次集中出行，假期质量严重透支，幸福感怎能不直线下降？休息，是为了更好地出发。长假结束前夜，再呼吁：带薪休假不看脸色，错峰休假不沦为纸上福利，让更多人能休、敢休，让黄金周真正从容。

——"世界这么大，我想去看看；路上这么堵，想想都痛苦。"2015-10-07

2016 年 5 月 1 日，辽宁省丹东市鸭绿江畔人群稠密、车流拥挤。

商家行为

出门玩变成"被人玩",又何止庐山一家？"票外票"屡禁不止的背后,是门票经济的逐利驱动、利益主体的画地为牢。高额票价,换来了短利,吓跑了游人,与杀鸡取卵何异？旅游业不是门票业,破除利益短视,做强服务链条,让游人真正玩起来,旅游才能火起来。

——进山先掏一百八,想看再掏一千六。2013-10-05

香格里拉又火了。不交钱就打人抛客,动辄以拘留相威胁,此般作派嘴脸,与匪何异？乱象背后,是旅游经济的杀鸡取卵,行政执法的傲慢粗暴。调离岗位、吊销执照,更应严厉问责、深刻反思:给国人一个健康的旅游市场,莫让铜臭玷污世外桃源!

——非因美景,而因无良导游的嚣张、执法人员的粗暴。2013-10-06

吊销导游证,整顿旅行社,女导游辱骂游客事件发酵至今,官方反应不可谓不迅速。然而,更应反思,类似事件为何屡禁不止？三令五申之下,无证带团,依然故我;强制消费,也不少见。整治旅游乱象,需要重拳出击,更需标本兼治。

——诛一恶则众恶惧,只是治标;给《旅游法》装上"牙齿",才是治本。2015-05-03

别小看它的影响:38元一份,变成38元一只,以后谁还敢吃？不交钱就遭店主威胁,以后谁还敢来？有关部门相互推诿,以后谁还能信？一个美丽的城市,除了风景,还需要文明诚信的环境。杜绝"天价虾",整顿"执法瞎",别让一份菜寒了游客的心、毁了城市的形象。

——青岛火了,竟是因为一盘虾。2015-10-06

一盘青岛大虾酿成的风暴,家喻户晓的"好客山东"几天就被段子手冷嘲热讽成了"宰客山东"。事件发生恰逢《旅游法》施行两周年,但种种现象表明许多规定还停留在纸面。整治旅游市场需要零容忍,公平安全的环境才是旅游业繁荣依赖的土壤。

——一颗老鼠屎能毁一锅粥,旅游形象尤其是易碎品。2015-10-08

体育

奥运

有正面的鼓励颂扬，有负面的质疑诋毁，奥运开幕以来，中国体育健儿的表现引发全球热议。从世界边缘走近舞台中央，面对聚光灯下的炙烤和放大镜下的审视，需要我们拿出勇气、毅力和智慧，沉住心神、排除干扰，向预定目标进发。

——中国体育如此，崛起中的中国何尝不是这样。2012-08-03

奥运冠军吴敏霞和易思玲，都是穷苦出身。她们的传奇激励同辈：只要奋斗，"矮穷矬"可以成为"白富美"。而当财富越来越集中，当贫穷出现代际传承，我们当警醒：懂得穷人，就要提供公平环境。下决心吧，给田舍郎辟一条上升通道，给穷孩子许一个可期未来。

——青年有梦想，中国有希望。2012-08-09

伦敦奥运会令人难忘又发人深思：伦敦碗见证人类的追求与超越，也浓缩世界的复杂与交锋。质疑也好，申诉也罢，"最要紧的是办好自己的事情"。GDP 和金牌第二光环下，正视种种不如意，以开放心态和变革勇气，舍非取是、激浊扬清，成就一个中国梦。

——再过几个小时，奥运圣火就将熄灭。2012-08-12

奥运冠军载誉而归，鲜花掌声和荣誉之外，忙碌的代言、商演也接踵而至。运动嫁接商业，本也无可厚非。但沉醉于浮夸富华的尘嚣，会不会麻醉了对体育精神的恪守？榜样的力量，不应助推这个社会的喧哗，而是提升这个社会的精神高度。

——奥运冠军，请记住，你是大家的榜样。2012-08-27

奥运给我们带来的影响并不全是具象的。对很多人来说，2008 年的盛会是回望征途时的一个参照点，是丈量成就时的一座里程碑。让我们再借奥运契机，立下新的标杆。愿 7 年以后，你、我以及身边的一切，都变得更好。

——申奥成功，有人算经济账，有人算环境账，有人算文化账。2015-07-31

全运会

没有明星大腕，没有声光盛宴，十二届全运会"低调"开幕。赛会的成功精彩，不在华丽的包装、气派的场面，而在于更高、更快、更强的体育精神，在于公平、公正、公开的大国风度。赛事如此，政事同样如此。

——体育回归体育，才能赢得喝彩；奢华归于简约，才是真的体面。2013-08-31

足球

今晚，与 1∶5 的比分同时定格的，是中国足球的又一次耻辱。一次次期望，一次次失望，中国足球似乎陷入了死结。究竟是教练不给力，还是球员不努力？是体制有问题，还是基础太薄弱？中国球迷需要一个答案。没有"三大球"的崛起，金牌大国羞言体育强国。

——中国足球，请圆球迷一个梦想！2013-06-15

东亚杯上，令国足挽回颜面的，不是亚军的成绩，而是血性的拼搏。然而，"你不抛弃、我不放弃"的呐喊，并不能掩盖"1∶5"暴露的问题。让球迷不再空盼，唯有拒绝急功近利，让体育规律说话，让足球回归足球。有真正的变革，才有中国足球的救赎。

——中国国足在东亚杯上取得两平一胜。2013-07-28

今晚，冠军终归这里！中国俱乐部首夺亚冠，这是恒大的荣誉，也是中国足球的荣光！今夜，为冠军欢呼，更须清醒：一支队伍，一次冠军，终难支撑未来。按规律办事，靠机制给力，才有中国足球的明天。

——中国球迷，太需要这个冠军，一舒积郁多年的闷气。2013-11-09

世界杯来了，就在今晚！不用调侃"谁也战胜不了中国队"，也不用挑剔伪球迷是怎样炼成的，既然都是夜半起来，就一定要多准备啤酒和炸鸡！没有章鱼哥，就别管谁将夺冠，世界杯就是快乐宣言！让我们 high 起来！

——4 年的屏气凝神，就为等待绿茵场上的凌波微步，和那临门一脚的激情瞬间。

2014-06-12

"国足去哪了""国足世界悲"的调侃背后，是怒其不争的强烈期盼。中国球迷，已太久失去感受胜利的快乐。舆论或需多些宽容，国足更需知耻后勇。尊重规律、卧薪尝胆，中国足球，何时能争口气？

　　——巴西世界杯，到处都是中国制造，却没有中国足球，对比令人唏嘘。2014-06-16

足球本为休闲，然而，当一个国家的球队，沦为被讽刺吐槽的对象，又何其可悲？今天的尴尬，是为过去的罔顾规律、急功近利还债。唯有卧薪尝胆、奋起直追，有真的变革，才有真的救赎。国足，早点把魂找回来！

　　——11人的国足，输给了10人应战的马里，网友戏称"再输下去世界地图要不够用了"。

2014-06-29

勒夫能否拉美捧杯？梅西能否一战封神？无论"德迷"还是"阿迷"，此刻，对胜利的渴望同样迫切。然而，胜负之外，还有更为恒久的东西，那就是坚持、梦想和勇气。无论结局如何，每个为梦想拼尽全力的人，都是最勇敢的战士。今夜，享受比赛，为足球加油！

　　——今夜，巴西世界杯迎来巅峰对决。2014-07-13

0：2不敌东道主止步八强。然而，对正处谷底的中国足球，这样的结果，已足以让人看到血性与希望。必须承认，我们的欠债太多。与其纠结一场胜负，不如用踏踏实实的努力，让更多孩子爱上足球。今夜，让我们带着希冀再次表白：我待国足如初恋！

　　——说好的深层次改革，刚刚打响"揭幕战"。2015-01-22

全国青少年校园足球工作组成立。这样的消息，让热爱中国足球的人们备感欣慰。"足球应从娃娃抓起"，这是常识也是规律。然而，现实中有多少孩子，想踢球没有场地，想训练缺少指导？有沃土，才有良材。拒绝急功近利，坚信水滴石穿。

　　——让更多孩子在足球中得到快乐，中国足球才有明天。2015-01-27

足球改革方案横空出世，让关心中国足球的人们兴奋，也意味着艰辛改革的开始。足球搞不上去，谈何"体育强国"？尊重规律、持续投入、久久为功，让体制的归体制、市场的归市场。女足重返世界一流，男足进入世界强队，还有多远？国足，未来看你的！

—— 足协脱钩体育总局，足管中心将成历史。2015-03-16

今夜国足迎来生死战，网友调侃要想出线，半个亚洲都要帮忙。自助者天助，在需内外条件配合的逆境下，国足赢得胜利，出线几无悬念。运动场上，身体上比拼的是技术，精神上捍卫的是荣誉。今晚请享受胜利喜悦，国足小伙子们这回好样的！

—— 当国足的球迷真挺不容易的。2016-03-29

排球

她们，曾一度陷入低迷，甚至渐渐淡出人们的视野，可这一次，当年的"铁榔头"带着一群年轻姑娘以惊心动魄的顽强突出重围，逆转命运。有种精神叫女排精神：可以被打败但绝不会被打倒，再难的逆境也绝不言弃。中国女排，为你喝彩！

—— 时隔11年，中国女排力克日本，重回世界巅峰。2015-09-06

其他事件

这一天，我们记住了孙杨的震天一吼，记住了郭文珺的沉静如水，记住了魏宁拼搏过后的释然。让人记住的不能只有登顶的瞬间光芒，更应有这一路上对梦想的追逐和对自我的超越。"奥林匹克最重要的不是胜利，而是战斗。"体育如此，人生如此。

—— 尽力打一场精彩的比赛吧，无论输赢。2012-07-29

28年前，朱建华在洛杉矶失金，家里玻璃被砸；24年前，李宁在汉城（首尔）失意，收到了刀片和上吊绳。今天，吴景彪失手举重金牌，收获的是安慰和鼓励。期待赢，输无妨；路还长，再来过。理解、包容的背后，是国民心态的成熟和自信。

—— 中国人不再输不起。2012-07-30

伦敦奥运会上，孙杨夺男子游泳400米自由泳金牌。

取消资格！赛制不合理，规则有问题，这些都是申诉的充分理由。然而，在现实的利益、精巧的设计、策略的选择之上，是否还有精神和价值层面的东西，值得我们追寻和坚守？

——今天，中国羽毛球队收到一个无法吞咽的苦果。2012-08-02

今天，韩国羽协对消极比赛的球员教练员给予重罚。与此不同，中国羽毛球队赢得的是鲜花和不菲奖励。比赛规则有失公平，包揽金牌劳苦功高，但宽容不等于偏袒溺爱。标准模糊，弹性执法，助长的是成王败寇的功利心，带来的是荣辱不明、是非不分。

——中国体育当是非分明，为人为政当引以为戒。2012-08-22

卡马乔要走了。从没钱到有钱，从土帅到洋帅，中国足球"一直在努力"，为何又屡战屡败，竟成扶不起的阿斗？不当干预、无谓内耗、急功近利等，已成痼疾。唯有刮骨疗伤，国足才可能重生，心死的球迷才可能再生预期。

——430万欧元年薪，"史上最贵洋帅"留下的，是7胜2平11负的惨绩。2013-06-22

谈判崩盘。一纸奇葩合同，两年不堪回忆，考问中国足球畸形政绩观：洋帅来了一个又一个，总结写了一摞又一摞，只有急功近利，不愿水滴石穿，中国足球谈何起色？惨痛教训，需切实问责，足球决策者，请拿出你的担当。中国足球需要改变，中国球迷等待答案！

——解聘卡马乔，到底要付出多少代价？ 2013-07-05

首夺澳网冠军，祝贺李娜！赛场上以我为主的打法，夺冠后妙语连珠的幽默，"娜"样个性大放异彩；两度折戟澳网决赛，无论输赢绝不退役，"娜"样坚持感人至深。做自己、不言弃，娜姐问鼎澳网给人信心。

——每个人都能用坚韧毅力做最好的自己，也定能收获"娜"样美丽的人生！

2014-01-25

邹市明转战职业拳坛首遭败绩，却未尝不是提醒：为了梦想的飞翔，从来不会一帆风顺；让自己更加强大，才能让对手低头。今夜，一名 34 岁的"老"拳王，未能赢得裁判的点数，却用自己的努力赢得尊重：男儿本色，虽败犹荣！期待下次出拳，期待王者归来！

——邹市明惜败对手，憾失职业拳王金腰带。2015-03-08

今天，一代飞人刘翔正式道别。或许还有遗憾，但他的故事告诉我们：有目标，并拼尽全力，才能成就传奇和梦想。致敬刘翔，祝福梦想。

——"我从来没有逃避过，始终尽我所能去努力。"2015-05-18

当 22 岁的宁泽涛在泳池中实现历史性突破的时候，网络上的追捧热潮也到达了顶点。当媒体把英雄的某一个侧面放大的时候，我们就容易忘记，没有多少男神的诞生全靠上天的眷顾。苛刻的自律，钢铁的意志，远大的理想，这些"陈旧"的词汇才是成就王者的关键。

——愿狂热膜拜者寡，见贤思齐者众。2015-08-07

图书在版编目（CIP）数据

你好，明天/人民日报社新媒体中心主编.
—— 北京：北京联合出版公司，2016.6
ISBN 978-7-5502-7919-3

Ⅰ.①你… Ⅱ.①人… Ⅲ.①时事评论 – 中国 – 文集
Ⅳ.①D609.9–53

中国版本图书馆CIP数据核字（2016）第124721号

你好，明天

项目策划　紫图图书ZITO®
监　　制　黄　利　万　夏
丛书策划　郎世溟

主　　编　人民日报社新媒体中心
责任编辑　宋延涛
特约编辑　宣佳丽　路思维　牛　闯
装帧设计　紫图图书ZITO®
图片提供　视觉中国

北京联合出版公司出版
（北京市西城区德外大街83号楼9层　100088）
北京中印联印务有限公司印刷　新华书店经销
200千字　720毫米×1000毫米　1/16　12.5印张
2016年6月第1版　2016年6月第1次印刷
ISBN 978-7-5502-7919-3
定价：39.90元